内生出生率与养老金

齐 玲 ◎ 著

Endogenous Fertility
and Pensions

社会科学文献出版社
SOCIAL SCIENCES ACADEMIC PRESS (CHINA)

本书受到教育部人文社会科学重点研究基地项目基金资助，项目批准号：2009JJD790053；国家自然科学基金资助，项目批准号：11271385

摘　要

　　本书研究内生出生率与养老保险的问题。在动态经济模型中，如果出生率由模型中的最优化问题而决定的话，则称为内生出生率。本书设立男女家庭分工的离散时间动态模型，在这一模型中，家庭在选择自己的效用的同时也选择子女数目和子女的人力资本，使用拓扑、动态规划、最大原理和不动点定理等数学方法，证明了最佳路径的存在性，值函数的存在性，最佳路径的单调性，定常点的存在性并刻画了定常点的性质等，最后得到了在低的人力资本的定常点，女性不参加市场商品生产活动，出生率高；而在高的人力资本的定常点，女性参加市场商品生产活动，出生率低。本书使用这一模型和结果，来解释为什么随着经济的发展和技术的进步，出生率却下降的问题，也分析了我国的独生子女政策，并对我国的人口政策提出了一些建议。

　　在分析和总结了各先进国家的年金系统、年金政策和养老金改革的基础上，本书对我国的养老金政策提出一些建议。

　　本书共分六章。第一章是关于人口移转、经济增长和出生率问题的文献总结。第二章建立了静态的男女分工的生产函数，并对出生率和人力资本水平对生产函数的影响进行了分析。第三章建立了动态的家庭内男女分工模型，证明了最佳路径的存在性，最佳路径的单调性，定常点的存在性，最佳路径和刻画了定常点的性质等。第四章分析了我国的独生子女政策，用模型证实了仅从经济的最佳选择来说，独生子女并非家庭的最佳选择，然后对我国的人口政策提出一些建议。第五章总结了先进国家的养老金制度、养老金系统和养老金改革的经验和文献。第六章对我国的养老金制度、养老保险和养老金改革提出一些建议。

本书是从实际问题出发，建立模型，用高深的数学方法解决模型和动态系统问题，然后用得出的结论来解释和分析实际问题的一个尝试。

Abstract

This book studies the problems of endogenous fertility and pensions. Endogenous fertility means that fertility is determined in the dynamic economic model. A discrete time dynamic model of division work in a family between male and female is established in this book. In the model, families determine their consumptions, the number of their children and human capital of their children at the same time. The existence of optimal paths, the value function and steady states, and the monotone of the optimal path are demonstrated by using topology, dynamic programming, maximum principle and fixed point theorems. Finally, we obtained the result that there are two steady states exist in the model. The first fixed point corresponds to higher fertility, lower lever of the human capital and the situation that there are no female in the production of market good. On the other hand, the second fixed point corresponds to lower fertility, higher level of the human capital and the situation that female takes part in the production of the market good. This book uses this model and result to explain the reason why the fertility is decreasing with economic growth and the technology progress, to analyze only one child policy of our country and to suggest some suggestions on our population policy.

Based on the experience of pension systems and the reform of pension systems in the developed countries, some suggestions on the pension system and private pensions in our country are given in this book.

This book is divided in six chapters. The overview of the literature on endogenous fertility, demographic transition is given in Chapter1. A static model of the division work in a family between male and female is established and the production function in this model is given and analyzed in Chapter 2. A dynamic model of the division work in a family between male and female is established in Chapter 3. In this chapter, the existence of the optimal paths, value functions and steady states, as well as the monotone of the optimal human capital path are proved, and the properties of the steady states are characterized. In Chapter 4, the experience of the pension systems and reform of the pension systems are analyzed. Finally, in Chapter 6, some suggestions on pension systems, private pension, and pension policy are suggested. This book try to determine a model from the reality, solve the model using topology, fixed point theorems and dynamic programming, and return back, to analyze economic problems using the results obtained from the model.

前　言

出生率与人口的转换是影响经济增长的重要因素，也是影响养老保障和养老保险政策的重要因素。本书在总结国际现有文献的基础上，用家庭内男女分工的经济模型来说明出生率与人力资本，特别是女性人力资本之间的关系，解释了为什么随着经济的增长，技术的进步，出生率却下降的问题。大多数的文献是用世代交叠模型来说明的，因为这一模型只需考虑两个期间的问题即可，相对来说容易得到结果，分析相对比较简单。但在这一模型中没有假设父母对孩子的爱。而本书使用了离散的经济增长模型来说明，在模型中假设了父母对子女的爱，子女的效用被折现到父母的效用上。在这样的动态模型下考虑了出生率与消费，人力资本的最优选择，证明了动态最优化问题的解的存在性，最佳路径的性质，定常解的存在性等。最后证明了两个定常点的存在和位置等，并用模型的结果对我国的人口政策进行分析，对我国的人口政策提出一些建议。最后，在分析先进国家的年金系统和年金改革的基础上，对我国的养老保险和养老保障政策提出一些建议。

本书共有六章。第一章是关于人口转移和出生率的文献综述。对一些有代表性的文献进行了较详细的介绍。第二章是家庭内男女分工模型的静态分析，给出了模型的设定、假设，最后给出了男女分工模型的生产函数的解析式。从这一解析式，可以得到人口转移三个不同时期的刻画和特征。第三章是男女分工的动态模型，利用经济增长的基本模型，加入家庭男女分工的要素，而构成无限期间的离散动态模型。在这一章中，证明了动态最优化的解的存在性，最佳路径的存在性和单调性，定常解的存在性及位置，与出生率之间的关系等。第四章中首先证明了在这一模型中，一个孩子不是家庭的最佳选择，然后在本书模型结论分析的基础上对我国的人口政策提出一些建议。第五章是对养老保障和年金系统文献的分析和总结。第六章在对国外养老保障问题分析的基础上，对我国的养老保障提出一些建议。

在这里首先感谢笔者所在单位领导，院长陈建成，副院长徐景峰、周明、李晓林对笔者这本书写作的大力支持。感谢笔者在原日本东京都立大学工作时的指导老师，现日本大学教授金谷贞男先生，本书的静态模型的设立和假设都是他的思想，而且动态模型的建立也是他的想法。在日本东京都立大学与他一起工作时，笔者才第一次真正接触到了宏观经济学，第一次了解了动态模型的魅力。

中央财经大学中国精算研究院

齐 玲

目 录

Contents

3

第一章　出生率、人口增长与经济增长关系的文献综述

　　本书利用离散时间的无限期间动态模型研究内生出生率的问题，探讨人口增长的趋势及其对经济增长的影响等问题，继而研究养老保险的问题。本书从一些发达国家的实际情况出发，到国际上这方面的理论研究，然后到模型的改进，最后回到我国的实际情况，对我国养老保险及人口政策提出一些政策性建议。本书也是关于从实际到理论、模型，然后再回到我国实际的研究方向，采用数学与经济结合的研究方法对我国的具体情况进行分析和研究的尝试。

　　人口问题一直是与经济增长、社会福利密切相关的大问题，人口的快速增长会面临社会的巨大生存压力，人口增长造成人均收入、人均产出的下降；但是人口增长的缓慢又造成劳动力的缺失，税金的减少，使养老和社会福利面临巨大的压力。当先进国家面临出生率下降所造成的一系列问题，千方百计地想要提高出生率时，我们却面临着人口众多所造成的生存压力。现在，我国也步入了老龄化社会，面临着养老的压力。本书就是要探讨如何解决我国的养老问题，探讨使用什么样的养老金政策更利于我国的情况。

　　我国目前有很多关于养老保障方面研究的文献，但是定性的分析居

多，有的虽引用国际上别人的模型，但很少加入自己的分析和改进。本书力图站在较高的角度来分析和研究以上问题，建立和改进模型并利用高深的数学方法来加以证明和分析。本书也是数学与经济相融合，从实际到理论，又从理论到实际的一个力证与尝试。

在第一章中对关于出生率、人口转换与经济增长关系的文献做一综述。在第一节中给出了定性的分析和先进国家面临的出生率下降的实际情况及国际上现有文献的结果。以后各节给出主要模型和理论分析所得的主要结果，对很有影响力的文献给予较详细的介绍。第二、三节介绍了内生出生率与人口移转研究文献主要模型。第四节介绍了出生率、人口转移与经济增长关系的文献和模型。第五节介绍了关于内生出生率与经济增长、技术进步之间的关系。

第一节　总述

首先，从人口增长的问题开始。在经济增长中人口增长也占有很重要的地位，人口增长很大程度影响了经济增长。这个影响是两方面的，人口的增多造成了人均收入的下降，影响了均衡人均产出水平；但人口的下降也造成了劳动力的减少，工资的上升和生产成本的上升，从而对经济增长产生负面影响。

关于人口增长，在公元前10000年到公元1世纪之间，人口增长非常缓慢，世界的人口平均增长率只有每年0.04%，在后面的1800年里，人口的平均增长率为每年0.09%。虽然比前面增长加快，但还并未到会令人惊讶的程度，只有在最近的200年里，在19世纪，平均人口增长率为每年0.6%，而20世纪前半叶，为平均每年0.9%，而后半叶为平均每年1.8%，以这样的增长率持续的人口增长相对来说是比较新的现象。因此，激励了很多经济学家去研究为什么在生产力不发达的时期，人口增长那样缓慢，而在生产力上升时期人口的增长加快。研究是什么决定了人口的增长，又为什么会出现现在国家之间人口增长的不同。

马尔萨斯（1766~1834）首先注意到并研究了这一问题。人类可以以巨大的比率繁殖，限制人口的是有限的可用资源——特别是土地。相对于可用土地的人口越少，那么人们就越富裕，而人口就会越快地增长，这样人均土地就会下降，人们就会走向贫穷。对于动物来说，生殖率越高，可生存的空间和食物就越少，最后就会走向死亡。但人类不同于其他动物的是还有第二个选择，当人均资源越少或贫穷时可以选择降低出生率来减少人口。

在马尔萨斯模型中，可以分析环境的改变怎样影响了人们的收入和人口。首先，在一定的人口规模下，假设存在某些技术改革，如水的灌溉或新的粮食品种，提高了生产力，提高了给定数量的土地的粮食产量。这样，人均收入上升，提高了生活水平。人们会生育更多的子女，人口增长稀释了生产力上升的益处，人口将继续增加以至达到过去的生活水平。好的技术或土地的增加并没有使人们更健康、幸福，而是增加了人口。

马尔萨斯模型与历史的实际情况相符。在公元前1000年，中国是世界上技术最发达的国家，但因为人口众多使得那时的生活水平只与技术落后处于生存边缘的欧洲接近。为了提高生活水平，只有降低出生率。

马尔萨斯模型却并不适用于现在的世界。他的模型的两个方面都与现在的实际情况相矛盾：第一，由于固定的土地供给，人口的增多则意味着生活水平的下降，但是两个世纪左右人口有了很大增长，由于技术的进步，突破了人均自然资源减少的障碍，而使人均收入上升。第二，在马尔萨斯模型中，足够大的人均收入的上升，会促使人口的增加，但是现在的数据表明，最富裕的国家却有最低的人口增长率。早在19世纪末的欧洲就出现了当收入高速增长时，人口的增长却开始下降的现象。在今后的几十年，会与马尔萨斯模型相去更远，因为在西欧，人口增长预计将是负的。在世界很多其他国家中也同样出现经济增长开始导致一个阶段的人口增长，但以后又出现人口增长下降的现象。

人口移转是一个国家的人口发展时人口的转移过程。现在很多经济学家用这一思想来解释经济增长与人口发展之间的关系。人口移转动向包括死亡率的转移和出生率的转移两个部分。

死亡率随经济的发展而降低，这是因为第一，人们收入的增加，减少了饥饿，增加了营养，也就增强了对疾病的抵抗力；第二，生活水平的提高和居住卫生条件的改善减少了疾病，特别是传染病；第三，随着经济和技术的增长，医疗技术和药物的发明改进方面也在发展，很多疾病得以治疗。

出生率的转移

在这一小节中，我们首先引进一个合计特殊出生率的定义。合计特殊出生率是把15～49岁女性的各个年龄分别的出生率相加所得到的总计的出生率。因为孩子出生的数目与各个年龄的女子的多少有很大关系，计算了各个年龄的女子的出生率就消除了因女子数目的波动而引起的波动，而这些出生率的和就比较精确地反映了一个国家的孩子的出生力。

在欧洲和美国 1946～1964 年"婴儿潮"之后，都呈现出生率下降的趋势，很多发展中国家也是这样。例如美国从 1960 年的合计特殊出生率的 3.81% 到 20 世纪 70 年代后期和 80 年代初的 1.8%，然后恢复到 2.1%，是维持人口再生产的唯一先进国家。瑞典从 1965 年的 2.3% 到 20 世纪 70 年代末至 80 年代中的 1.6%，后来因为推行出生奖励政策，恢复到 2.11%，以后又回到 1.6%。英国从 1960 年的 2.57%，法国从 1950 年的 2.92% 都降到了 1.6%～1.7%。德国也从 1960 年的 2.50% 降到了 90 年代的 1.2%。虽然出生率的下降比较缓慢，但意大利也从 1965 年的 2.55% 降到了与德国相似的水平。日本在 1947 年的合计特殊出生率是 4.54%，由于预想到走上高速发展的道路前，日本人口过多，庞大的人口势必对经济增长造成妨碍，而且为了给将来的劳动力提供足够的就业机会，而实行了降低出生率的教育等政策，1960 年降到 2.00%。随着后面经济的高速增长，合计特殊出生率有一些上升，1973 年的第二次"婴儿潮"达到 2.14% 后，直到现在仍处于减少的局面。1989 年降到 1.57%，2000 年为 1.32%，2001 年为 1.33%，2003 年为 1.29%，2004 年仍是 1.29%。在亚洲除了日本，韩国也同样面临出生率下降的问题。

为什么随着经济的增长，出生率反而下降了呢？经济学家试图通过以下四个方面来说明：

第一，死亡率下降的影响。

由于父母关注的不是生育孩子的数目，而是可以达到成年的孩子数目，当死亡率很高时，为了保证一定数目的孩子可以存活下来，父母往往要生育比自己想要的数量更多的孩子，以保证成年孩子的数目。当死亡率下降以后，没有必要生育更多的孩子以保证存活率，那么，父母就会减少生育孩子的数量。

第二，收入与替代效果。

由于经济增长，父母的收入增加了，但同时也增加了孩子的机会费用。因为养育孩子需要花费父母的时间，尤其是母亲的时间。经济增长提高了女性的工资，女性用于生育孩子的时间，就没有工资收入，这样孩子的机会费用就提高了。在收入增加的同时，产生了收入效应，也产生了对于孩子的替代效应，至于哪个占主导地位是不确定的。当替代效应大于收入效应时，就会导致出生率的下降。本书后面会有 Galor 和 Weil（1996）的论文，把男女的工资分开，男性工资的提高代表收入效应，女性工资的提高造成了孩子机会费用的升高，导致了出生率的下降。

当女性成年后只是养育孩子时，父母就不会有动机去提供给女孩子更多的受教育机会，而当经济发展，女性的工资提高时，就有了提供给女孩子受教育机会的动机，当女性受到更多的教育之后，就会选择少生孩子。70 年代，在拉丁美洲关于出生率的调查发现，受过 7 年以上教育的女性总生育率为 3.2%，而只有一到三年学校教育的女性的总生育率为 6.2%。

第三，子女作为劳动力和父母的养老保障作用的转变。

在经济不发展的时代，孩子可以在很小的时候帮助家庭劳动，当他们还是孩子时，就可以自己养活自己了。而随着经济的发展，孩子在孩童时期不但不能成为劳动力，而且延长了受教育时间，使得家长要付他们受教育的费用。在发展中国家，孩子通常在父母年老时对父母提供赡养。若父母年老时没有其他经济来源的话，养育子女就成为经济的必需。而在发达国家，金融市场很发达，父母可以储蓄以备老年之需，而且会有国家提供的养老金。因而，养育多子女的动机就减弱了。关于因政府对于儿童劳动的禁止造成出生率下降的论文，在后面还要讲到 Do-epke（2004）的论文。

第四，孩子的质与量的转换。

随着经济的增长，父母希望用于养育子女的资源换来健康的、拥有高收入的子女。这样，他们把养育多子女的时间和资源用于养育少的但高质量的子女。当父母需要子女养老时，他们当然需要健康、高收入的子女。即使子女在父母年老时并不支撑他们的生活，但父母会为自己健康、幸福的子女而高兴，所以父母会愿意为增加子女的质量而投资。

为什么经济增长导致了父母对孩子由量到质的转换的选择呢？这是因为其一，经济发展降低了死亡率。当死亡率很高，父母不确定孩子是否可以活到成年时是不会投资去让他们受那么多教育的。如同金融投资一样，他们会选择多生孩子以分散风险。但是当父母确定孩子可以存活到成年之后，他们才有了高投资于增加孩子的质量的可能。其二，是由于经济发展提高了教育的价值，刺激了父母投资于子女教育的欲望。关于这一点，也有很多教育经费的上升导致出生率下降，和先进国家政府增加对教育方面的补助以刺激出生率上升方面政策性建议的论文。

第二节　离散时间的经济增长模型

在上一节中，就人口转移与经济增长关系的事实和趋势进行了初步的分析和概括。在以下的各节中，将对以上分析更加具体化、定量化，给出已有的模型和结果。

在文献综述之前，首先要给出文献中使用的基本模型和主要模型所得到的一些结果。首先要介绍离散时间情况下的经济增长模型以及动态分析等内容。

关于这方面研究，要分为两个部分，即一个部门的经济增长模型和两个部门的经济增长模型。这里重点介绍一个部门的模型，在一个部门的经济增长模型中，假设只有一种商品被生产，这种商品可以用于消费，也可以用于将来生产的投资。这一模型中假设代表的消费者可以无限期间生存，所以他的目标函数为无限期间的效用函数。为了区分不同期间的效用，就要把各期的效用用零期（即模型最开始的期间的效用）来核算。最简单的无限期间的效用函数是可加性效用函数，它把各期的效用相加得到无限期间的效用。但各期例如第一期间和第二期间的效用在时间上的差异，由考虑复利的方法，乘以不同的贴现因子相加，构成了代表的消费者一生的效用在零期的贴现值，得到了消费者的目标函数。最简单的模型也是最早研究的模型中，贴现率是一个大于零，小于1的常数，通常记为 β。那么，目标函数为

$$\sum_{t=0}^{\infty} \beta^t u_t(c_t)$$

其中，c_t 为消费者在 t 期的消费，而 u_t 为消费者在 t 期的消费函数，通常，为使模型简化，设各期的消费函数都相同。为了说明更多的更接近实际的问题，对于这一模型有很多改进。不把 β 考虑作常数，有本书的内生出生率的模型。而把无限期间的效用看作是不可相加的函数来分析和求其最大化的问题，又有生成算子等更加复杂的研究。

在这一模型中，使用新古典派的生产函数。一般使用柯布—道格拉

斯函数：

$$F(K,L) = AK^\alpha L^{1-\alpha}$$

其中，K 表示资本，L 表示劳动的投入。设

$$k = \frac{K}{L}$$

则假设生产函数为如下形式：

$$f(k) = Ak^\alpha, 0 < \alpha < 1$$

这样，生产函数是凹函数。而且，一定存在 k^*，使得 $f(k^*) = k^*$。而且当 $k > k^*$ 时，有 $f(k) < f(k^*)$；当 $k < k^*$ 时，有 $f(k) > f(k^*)$ 成立。

鉴于生产函数的以上性质，我们可以考虑资本和产出是有界的。由于消费满足以下不等式：

$$c_t \leqslant f(k_t), t = 1, \cdots$$

因而可选择的消费的集合也是有界集合且为闭集，即紧集。由于产出还要用于下一期的投资，所以实际上

$$c_t \leqslant f(k_t) - k_{t+1}$$

这是假设投资后的资本会完全消耗的情况，如果假设消耗率 $\delta < 1$ 的话，模型又会变为

$$c_t \leqslant f(k_t) - k_{t+1} + \delta k_t$$

为了简便，我们还是假设前者，因为在没有特殊地要说明关于消耗率带来的影响的情况下，还是以简单的模型为好。

模型中对于效用函数还假设稻田条件成立，即：

$$\text{当 } c \to 0 \text{ 时}, u'(c) \to \infty$$

而又有

$$\lim_{c \to \infty} u'(c) = 0$$

由于这一条件,而使得内部解才成为最优解。即每个期间

$$0 < c_t < f(k_t), \text{t} = 1, \cdots$$

成立。

又由于生产函数的形式,在 $0 < k \leqslant k^*$ 的区间内生产是最有效率的。因此,可以把产出限制在一个有限区间内。这样,上面的无限期间最优化的问题就一定有最优解存在。而上面问题的效用函数是凹函数,生产函数也是凹函数,由福利经济学第二定理,以上帕累托最优问题的解也是完全竞争状态下市场均衡的解。由于求解市场均衡比较复杂,我们就可以用假设中心计划者的存在,他一切为了社会福利的最大化,而解帕累托最优问题,从而得到完全竞争的市场均衡解。

由于生产函数和效用函数是严格递增的,能够得到最优解关于初始值是单调递增的。当初始值充分大时,资本的最佳路径是单调递增的,即 $\{k_t\}_{t=0}^{\infty}$ 是递增序列,必有极限存在,而且

$$\lim_{t \to \infty} k_t = k^*$$

这些就是一个部门,生产函数是柯布—道格拉斯函数,而且是 $\alpha < 1$ 齐次函数时的结果。这时没有产生经济的持续增长。

由于这一模型无法解释内生的经济增长的问题,很多文献又试图改善这一一个部门的简单模型。其中,把生产函数设为

$$f(k) = Ak$$

10

是使模型产生持续性经济增长的一个方向。无论是在离散时间模型，还是在连续时间模型方面 A－k 模型都有着它的地位。

继 Lucas 使用两个部门的连续时间模型来说明持续的经济增长问题之后，在离散时间模型方面也有关于两个部门的研究。

第三节　世代交叠模型

基本世代交叠模型的设定

世代交叠模型由无限的相互交叠的世代序列所构成。每个世代有有限的生命，而经济却是永远继续的。

在这一模型中假设每个代表的消费者只能生存有限的期间，假设生存两个期间为青年期和老年期。模型中假设在 t 期出生的 t 世代的消费者在 t 期付出 1 单位的劳动获得 w_t 的报酬。他用这一报酬来进行这一期的消费 c_t 和储蓄 s_t。而在下一个期间即 $t+1$ 期，这是 t 世代的老年期，在这一期中，他退休不再劳动，他把上一期储蓄得到的钱全部用于老年期的消费。

这一模型中，t 世代的消费者的总效用为

$$u(c_{1t}) + \beta u(c_{2t+1})$$

其中，c_{1t} 为 t 世代的消费者在 t 期的年轻时期的消费，而 c_{2t+1} 为他在 $t+1$ 期老年期的消费，而 $0 < \beta < 1$ 为贴现率。

预算约束为

$$w_t = c_{1t} + s_t$$

及

$$c_{2t+1} = (1 + r_{t+1})s_t$$

其中，w_t 表示消费者付出的 1 单位劳动得到的工资；s_t 则表示消费者的储蓄；而 r_{t+1} 表示 $t+1$ 期的利息。前一个预算约束式表示消费者的工资都用于支付 t 期的消费和储蓄，以备退休后生活之需。而后一预算约束式则表示消费者储蓄的本和息都用于他老年期的消费。

消费者的行动是选择他 t 期的消费和储蓄，以使他的效用达到最大。把预算约束代入效用函数的表示式得到

$$u(w_t - s_t) + \beta u\big[(1 + r_{t+1})s_t\big]$$

效用函数变成了 s_t 的函数，消费者在工资 w_t 和利息 r_{t+1} 给定的情况下，选择他的储蓄 s_t 而使他的效用达到最大。由于我们也假设稻田条件成立，所以 $0 < s_t < w_t$ 成立。由于 u 被假设为严格凹函数，所以最优解一定唯一存在而且是内部解。由一阶条件得到

$$-u'(c_{1t}) + (1 + r_{t+1})\beta u'(c_{2t+1}) = 0 \qquad (1.1)$$

这是一个差分方程。

从生产者的角度来看，他的生产函数为

$$F(K,L) = AK^\alpha L^{1-\alpha} = Lf(k)$$

其中，K 是生产的资本投入，而 L 为劳动投入，而 A 为常数，$k = \dfrac{K}{L}$。

企业的利润函数为

$$AK^\alpha L^{1-\alpha} - wL - rK$$

由企业的利润最大化，得到一阶条件

$$w = \frac{\partial F}{\partial L} = f(k) - kf'(k)$$

$$r = \frac{\partial F}{\partial K} = f'(k)$$

由上式得到

$$w_t = f(k_t) - k_t f'(k_t)$$

及

$$r_{t+1} = f'(k_{t+1})$$

在这里，$k_t = \frac{K_t}{L_t}$，而 $k_{t+1} = \frac{K_{t+1}}{L_{t+1}}$。

假设有人口增长存在，而且设人口增长率是不变的，即

$$\frac{L_{t+1}}{L_t} = n, t = 1, \cdots$$

把以上表示代入式（1.1），得到

$$u'[f(k_t) - k_t f'(k_t) - s_t] + \beta[1 + f'(k_{t+1})]u'\{[1 + f'(k_{t+1})]s_t\} = 0$$

$$(1.2)$$

由于以上为市场经济模型，那么，在均衡时应有储蓄等于资本的投资，也就是

$$s_t L_t = K_{t+1}$$

上式可以改写为

$$s_t L_t = k_{t+1} L_{t+1}$$

即

$$s_t = n k_{t+1} \qquad (1.3)$$

代入式（1.2），得到

$$u'[f(k_t) - k_t f'(k_t) - n(1 + k_{t+1})] + \beta[1 + f'(k_{t+1})]u'\{[1 + f'(k_{t+1})]$$
$$nk_{t+1}\} = 0 \tag{1.4}$$

这是一个差分方程，称为欧拉方程。这是世代交叠模型的动态方程。在世代交叠模型中，上一世代，即父母没有对于子女的爱，而且子女也没有任何赡养父母的义务，父母退休后的生活完全靠他们年轻时期劳动收入的储蓄来支撑。这样，就产生了过度储蓄的现象，造成了这一模型并不是帕累托效率的。这也是在动态的情况下，存在消费的时间选择的情况下，虽然是完全市场竞争均衡但并非帕累托最优的例子。存在着帕累托改善，例如，把 t 世代人的储蓄减少 $\dfrac{1}{1 + r_{t+1}}$ 美元而用于他们自己 t 期的消费，而由 $t + 1$ 世代的每个人给上一世代的人 1 美元，而 $t + 2$ 世代的每个人又给上一世代的人 1 美元，这样，只要人口的增长数量 n >1，而且大于各期的利息 t 世代人就可以多消费 $\dfrac{1}{1 + r_{t+1}}$ 美元，而 $t + 1$ 世代减少的部分，由下一世代补给，由于世代是没有穷尽的，所以这就成为帕累托改善。因而，世代交叠模型存在帕累托改善，它就不是帕累托最优的。这一模型是研究年金、养老保险常用的模型。因为，他只研究两个时期的效用最大化的问题，因而比较简单。

这一模型还有很多扩张，首先，考虑遗产的问题，如果假设各个世代在老年期并非消费他们所有的储蓄而留有剩余财产，这就又可考虑遗产的问题。其次，在各世代的两时期效用方面加上孩子的费用和出生率的选择，又可以研究什么样的政策对于刺激出生率的上升更为有效，也可以利用这一模型研究先进国家出生率下降的原因等问题。下面，我们先就出生率方面的研究来总结。

第四节　人口转移的模型和研究

在已有的文献中，关于人口与经济增长之间关系的论文多数是使用第二、三节的模型，加以必要的改造来说明想要说明的主要问题。这一节的论文都使用世代交叠模型来说明人口转移的三个阶段。

Galor 和 Weil（2000）的论文开拓了把历史的人口、技术与生产的发展融为一体的模型。这一模型包含了以经济发展为特征的三个体制的内生转移：马尔萨斯期、后马尔萨斯期和现代增长期。在马尔萨斯期，技术进步缓慢，人口的增长减少了人均收入；后马尔萨斯期，由于技术进步的上升，人口增长只部分减少了人均收入的增长，而收入与人口的增长成正比；而在现代增长时期，收入与人口增长的正相关关系逆转，经济走向人口增长的减少与持续的收入增长。

这篇论文分析了人口增长、技术变化与生活基准间关系的历史性进化。从宏观经济学的观点出发，分析集中于这些时期的以下两个不同点：第一是关于人均收入相关的行动，第二是人均收入水平与人口增长率之间的关系。

现代增长期以人均收入与技术水平的平稳增长为特征，在这一时期，产出水平与人口增长率之间呈负相关的关系。在最贫穷的国家可以见到最高的人口增长率，而在富裕的国家中却有近于零的人口增长率。

在马尔萨斯阶段，技术的增长与人口增长都处于冻结的状态，人均收入近似于常数。人均收入与人口增长的关系与现代增长期相反。

位于马尔萨斯阶段与现代增长阶段之间的后马尔萨斯阶段兼有两个阶段的性质，人均收入虽没有现代增长期增长得那么快，但人均收入是增长的。但同时，马尔萨斯期的人均收入与人口增长之间的正相关关系仍然存在。收入的上升也造成了人口增长率的上升。

最基本的人口增长及收入的关系的刻画是马尔萨斯（1798）的模型。他的模型有两点很重要：存在着以固定的量供应的生产要素，例如土地。这意味着对其他要素来说是规模报酬递减的。另外，生活标准对于人口增长有着正的效应。

马尔萨斯认为当人口比较少时，生活水平较高的话，性的热情会使人口增长。人口很多时，生活水平会较低，人口也会减少。马尔萨斯的模型中技术进步和可以使用的土地不发生变化时，人口会自动地保持均衡。可利用资源的增加在长期情况下，会与人口的增加相抵触。具有高水平技术的国家人口也多，长期来说，国家之间高技术水平并没有导致高的生活水平。实证分析的结果，产业革命前的情况与马尔萨斯模型大体一致。

马尔萨斯阶段以高出生率与高死亡率为特征。生活水平上升后，死亡率下降，死亡率的下降导致了出生率的上升。较高的收入直接使得出生率上升，因为使得结婚倾向上升。

Becker 等（1990）指出了在经济发达的国家中，对于孩子的质量来说，较高的收益导致了孩子的质与量之间的替代。Galor 和 Weil（1996）指出了经济发达国家中，女性可以得到较高的工资，因而孩子的机会成本升高。

这篇论文把从马尔萨斯阶段、后马尔萨斯阶段到现代增长阶段的转移和人口的转移收入到一个模型中。这一模型的核心是解释当收入远远超过维持生存的水平时，出生率就要减少的原因。差不多所有的关于人口转移的研究都集中在收入高的父母转向了少生育而培养高质量的孩子，因而导致出生率下降的解释上。但是，这种解释与其说是由于收入增加的原因，不如说是因为技术进步的结果，技术变化所产生的不均衡提高了人力资本的收益率，所以导致了从数量到质量的转变。技术进步提高了人力资本的收益由 Schulz（1964）很明确地说明了。由对农业的分析，Schultz 指出当技术的生产性在某时期一定时，孩子们从看父母所做就可以学习如何务农，正式的学校没有什么经济效益。但是当技术迅速变化时，只是看上一代如何耕种得到的知识就没有什么价值了。有必要去学习新的知识来提高生产力，这样就提高了教育的收益。

这一模型的第二部分是最直接地得到的：父母关于孩子的教育水平的选择给技术进步的速度带来影响。有较高的人力资本的孩子具有较高的提高技术边界的可能性，接受先进技术的可能性也高。

第三部分把人口的多少与技术进步相联系。在一定的教育水平上，技术进步的速度是总人口数的递增函数。在给定的教育水平的基础上，人口多会产生更多的供给和需求，造成新边界更迅速地普及。

最后的部分是最古典的部分。经济以固定的生产要素土地的存在与维持生命的消费水平（在此水平以下的人类不能生存）为特征。若技术进步能够提高产出到高于维持水平的话，人口就增加，而土地—劳动的比却下降。如没有再高一些的生产技术的话，由于人口增多，造成的工资下降，而使消费又回到维持生命的水平。人均收入又回到以前的均衡。持续的技术进步才能克服人口增长所造成的负效应，实现持续增长。

这一模型产生了马尔萨斯的伪定常点。这一定常点在长期是稳定的，但是内生性质在长期均衡中消失。马尔萨斯阶段人均产出是稳定的。技术进步缓慢，产出与人口成比例地增加。关于土地—劳动率的振动引出了实质工资与出生率的临时的变化，这些使得人均收入返回到以前的稳定均衡水平。由于技术进步缓慢，人力资本收益低，父母没有把孩子的数量向质量转换的意愿。这样，马尔萨斯的伪定常点长期消失是因为人口的多少对于技术进步率的影响。在人口很多的水平上，由人口而带来的技术进步率越高，父母认为对他们的子女提供一定程度的人力资本是最佳的。在这一点上，产生了好的循环：高的人力资本提高了技术进步，技术进步又反过来提高了人力资本。

技术进步的初期给人口增长带来两个效果。一方面，技术的改善使得家庭预算的限制放松，也就是说，可以使更多的资源用于孩子的教育。另一方面，这也导致了向孩子的质量方面资源增加的再分配。后马尔萨斯时期，前者的影响是主要的，所以人口增加。结果，从人力资本水平的增加而产生的更快的技术进步成为人口转移的要因：工资与孩子质量的收益持续增加，远离孩子数量的移动越来越重要，人口走向减少。在现代增长时期，和技术与人均产出共同迅速增长相对应，人口增长很稳定。

在各期间，使用土地和有效劳动来生产一种商品。假设土地的供给是外生的，以固定的量来供应的。生产函数为

$$Y_t = H_t^{\alpha} (A_t X)^{1-\alpha} \qquad (1.5)$$

其中，H_t 为 t 期间所雇用的劳动的有效单位的数量，而 X 则表示每个时期在生产中所投入的土地，$A_t > 0$ 表示在时刻 t 内生决定的技术水平；而 $A_t X$ 则表示在 t 期生产中所使用的有效资源，且 $0 < \alpha < 1$。工人人均产出为

$$y_t = h_t^{\alpha} x_t^{1-\alpha} \equiv y(h_t, x_t) \qquad (1.6)$$

其中，$h_t \equiv \dfrac{H_t}{L_t}$ 为工人人均的劳动有效单位；而 $x_t \equiv \dfrac{A_t X}{L_t}$ 则表示时刻 t 的工

人人均有效资源。

假定不存在对于土地的权利，所以土地的收入为零。工资为

$$w_t = \left(\frac{x_t}{h_t} \right)^{1-\alpha} \equiv w(h_t, x_t) \tag{1.7}$$

偏好与预算约束

在每个时刻 t，每个世代拥有 L_t 个相同的个人加入劳动市场，假设每个个人只有一个上一代的父亲或母亲。每个世代生存两个时期，在 $t-1$ 期，即儿童期，消费父母所拥有的 1 单位某个部分比例的时间。孩子的质量随父母付出的育儿时间的增加而提高。在第二个时期，每个个人拥有 1 单位的时间初始禀赋，他们把自己的时间在抚育孩子和参加生产之间分配。他们要选择自己子女的质量与数量，决定自己投入生产的时间比例，得到工资，并依赖工资来进行消费。

t 世代的个人的效用函数为

$$u^t = (c_t)^{1-\gamma} (n_t h_{t+1})^\gamma \tag{1.8}$$

$\gamma \in (0, 1)$，其中，c_t 为 t 世代的个人消费，n_t 为 t 世代的个人的孩子数量，而 h_{t+1} 为 t 世代的每个孩子的人力资本。

为了模型简单，假设抚育孩子（生产孩子的数量和质量）只需要父母的时间。设对于每个孩子需要 $\tau + e_{t+1}$ 的时间成本。其中，τ 为单纯抚育孩子所需的时间成本，并不考虑孩子的质量，而 e_{t+1} 为孩子的质量（教育）与父母付出的 1 单位时间的比例。

考虑 t 世代的个人在时刻 t 有 h_t 的劳动有效单位，他要在教育孩子和供给劳动之间选择，把供给劳动于生产的所得用于消费，即

$$c_t \leqslant w_t h_t [1 - n_t (\tau + e_{t+1})]$$

其中，中括号中的后一项为教育所有孩子所需的时间。改写上式，得到

$$w_t h_t n_t (\tau + e_{t+1}) + c_t \leqslant w_t h_t \tag{1.9}$$

在这里把

$$z_t \equiv w_t h_t$$

定义为潜在收入。

人力资本的生产

个人的人力资本水平由他们的教育和技术环境所决定。

$$h_{t+1} = h(e_{t+1}, g_{t+1}) \tag{1.10}$$

其中

$$g_{t+1} \equiv \frac{A_{t+1} - A_t}{A_t}$$

为技术增长率。

人力资本的生产函数是父母对于教育投资的时间 e_{t+1} 的递增凹函数，也是技术增长率的递减的严格凸函数，且 $h(0,0) = 1$。也就是说，设 $h_1 > 0$，$h_2 < 0$，$h_{11} < 0$，$h_{22} > 0$，$h_{12} > 0$。

最大化

t 世代选择孩子的数目 n_t 和质量使得效用达到最大。即，使

$$\{w_t h_t [1 - n_t(\tau + e_{t+1})]\}^{1-\gamma} [n_t h(e_{t+1}, g_{t+1})]^{\gamma}$$

达到最大，而选择 n_t 和 e_{t+1}，且服从限制条件

$$w_t h_t [1 - n_t(\tau + e_{t+1})] \geqslant \bar{c}$$

$$n_t \geqslant 0, e_{t+1} \geqslant 0$$

考虑关于 n_t 的一阶条件，应有

$$- (1-\gamma)(\tau + e_{t+1})(w_t h_t)^{1-\gamma}[1 - n_t(\tau + e_{t+1})]^{-\gamma}[n_t h(e_{t+1}, g_{t+1})]^{\gamma} +$$
$$\gamma (w_t h_t)^{1-\gamma}[1 - n_t(\tau + e_{t+1})]^{1-\gamma}(n_t)^{\gamma-1}[h(e_{t+1}, g_{t+1})]^{\gamma} \leq 0$$

即

$$- (1+\gamma) n_t(\tau + e_{t+1}) + \gamma [1 - n_t(\tau + e_{t+1})] \leq 0$$

我们得到

$$n_t(\tau + e_{t+1}) \geq \gamma$$

当限制条件不产生约束时，应有一阶条件为 0，即

$$n_t(\tau + e_{t+1}) = \gamma$$

成立。而当约束条件产生约束时，也就是说，当 $w_t h_t[1 - n_t(\tau + e_{t+1})] = \tilde{c}$ 时，可以得到

$$n_t(\tau + e_{t+1}) = 1 - \frac{\tilde{c}}{w_t h_t}$$

怎样描述限制条件是否产生约束呢？在这里定义当消费为 $\tilde{c}$ 时的潜在收入为

$$\tilde{z} \equiv \frac{\tilde{c}}{1 - \gamma}$$

$\tilde{z}$ 是使得一阶条件为等式成立时的潜在收入，也就是说，当 $n_t(\tau + e_{t+1})$ $= \gamma$ 且消费为 $\tilde{c}$ 时的潜在收入。当潜在收入 $w_t h_t \geq \tilde{z}$ 时，由 $\tilde{z}$ 的定义，得到

$$c_t = w_t h_t(1 - \gamma) \geq \tilde{z}(1 - \gamma) = \tilde{c}$$

而当 $n_t(\tau + e_{t+1}) > \gamma$ 时，会有

$$-(1-\gamma)n_t(\tau + e_{t+1}) + \gamma[1 - n_t(\tau + e_{t+1})] < -\gamma(1-\gamma) + \gamma(1-\gamma) = 0$$

因而，当 $n_t(\tau + e_{t+1}) > \gamma$，且满足 $w_t h_t[1 - n_t(\tau + e_{t+1})] \geq \tilde{c}$ 时，并不能取到最大值。因此，必有

$$n_t(\tau + e_{t+1}) = \gamma$$

成立。而当 $w_t h_t < \tilde{z}$ 时，有

$$w_t h_t(1 - \gamma) < \tilde{z}(1 - \gamma) = \tilde{c}$$

因而，必有

$$n_t(\tau + e_{t+1}) < \gamma$$

也就是说，只有

$$w_t h_t[1 - n_t(\tau + e_{t+1})] = \tilde{c}$$

成立。那么，

$$n_t(\tau + e_{t+1}) = 1 - \frac{\tilde{c}}{w_t h_t}$$

我们得到

$$n_t(\tau + e_{t+1}) = \begin{cases} \gamma, & w_t h_t \geq \tilde{z} \\ 1 - \dfrac{\tilde{c}}{w_t h_t}, & w_t h_t < \tilde{z} \end{cases} \qquad (1.11)$$

由关于 e_{t+1} 的一阶条件，得到

$$-(1-\gamma)[1 - n_t(\tau + e_{t+1})]^{-\gamma}n_t[n_t h(e_{t+1}, g_{t+1})]^{\gamma} +$$

$$\gamma \left[1 - n_t (\tau + e_{t+1}) \right]^{1-\gamma} n_t^{\gamma} h^{\gamma-1} h_1 \leqslant 0$$

即，得到

$$- (1 - \gamma) n_t h(e_{t+1}, g_{t+1}) + \gamma \left[1 - n_t (\tau + e_{t+1}) \right] h_1 \leqslant 0 \qquad (1.12)$$

设

$$H(e_{t+1}, g_{t+1}) = - (1 - \gamma) n_t h(e_{t+1}, g_{t+1}) + \gamma \left[1 - n_t (\tau + e_{t+1}) \right] h_1 (e_{t+1}, g_{t+1})$$

由假设 $h_2 < 0$ 和 $h_{12} > 0$，因而

$$\frac{\partial H}{\partial g_{t+1}} > 0$$

假设对 H $(0, g_{t+1})$，存在 $\dot{g} > 0$，使得 H $(0, \dot{g})$ $= 0$。即，

$$- (1 - \gamma) n_t h(0, \dot{g}) + \gamma (1 - n_t \tau) h_1 (0, \dot{g}) = 0$$

又由于 $H = - (1 - \gamma) n_t h(e_{t+1}, g_{t+1}) + \gamma \left[1 - n_t (\tau + e_{t+1}) \right] h_1 (e_{t+1},$ $g_{t+1})$ 是 g_{t+1} 的递增函数，当 $g_{t+1} > \dot{g}$ 时，应有 H $(0, g_{t+1}) > 0$。又由

$$\frac{\partial H}{\partial e_{t+1}} = - (1 - \gamma) n_t h_1 - \gamma n_t h_1 + \gamma \left[1 - n_t (\tau + e_{t+1}) \right] h_{11}$$

$$= - n_t h_1 + \gamma \left[1 - n_t (\tau + e_{t+1}) \right] h_{11} < 0$$

因而存在 $e_{t+1} > 0$，使得式（1.12）成为等式。即，

$$- (1 - \gamma) n_t h(e_{t+1}, g_{t+1}) + \gamma \left[1 - n_t (\tau + e_{t+1}) \right] h_1 (e_{t+1}, g_{t+1}) = 0$$

$$(1.13)$$

由于 $\dfrac{\partial H}{\partial e_{t+1}} < 0$，由隐函数定理，存在连续可微函数 e 使得

$$e_{t+1} = e(g_{t+1})$$

由

$$\{-n_t h_1 + \gamma[1 - n_t(\tau + e_{t+1})]h_{11}\}de_{t+1} + \{-(1-\gamma)n_t h_2 +$$

$$\gamma[1 - n_t(\tau + e_{t+1})]h_{12}\}dg_{t+1} = 0$$

得到

$$\frac{de_{t+1}}{dg_{t+1}} = -\frac{-(1-\gamma)n_t h_2 + \gamma[1 - n_t(\tau + e_{t+1})]h_{12}}{-n_t h_1 + \gamma[1 - n_t(\tau + e_{t+1})]h_{11}}$$

由假设 $h_2 < 0$ 及 $h_{12} > 0$，得到

$$\frac{de_{t+1}}{dg_{t+1}} > 0$$

由于计算 e'' 需要关于 h 的三阶偏导的假设，笔者只是假设 $e'' < 0$，因为这样最接近于实际。

由上面计算可知，当 $g_{t+1} < \dot{g}$ 时，会有

$$-(1-\gamma)n_t h(0, g_{t+1}) + \gamma(1 - n_t \tau)h_1(0, g_{t+1}) < 0$$

那么，$e_{t+1} = 0$ 就是最佳选择。所以，得到

$$e_{t+1} = \begin{cases} 0, & g_{t+1} \leqslant \dot{g} \\ e(g_{t+1}), & g_{t+1} > \dot{g} \end{cases} \tag{1.14}$$

下面计算 n_t 的表示式。在式（1.11）中代入 e_{t+1} 的表示式，得到

$$n_t = \begin{cases} \dfrac{\gamma}{\tau + e(g_{t+1})}, & z_t \geqslant \tilde{z} \\ \\ \dfrac{1 - \dfrac{\tilde{c}}{z_t}}{\tau + e(g_{t+1})}, & z_t < \tilde{z} \end{cases} \tag{1.15}$$

其中，$z_t = w_t h_t$，为了简便起见，令 $n^b(g_{t+1}) \equiv \dfrac{\gamma}{\tau + e(g_{t+1})}$，

$n^a(g_{t+1}, z_t) \equiv \dfrac{1 - \dfrac{\tilde{c}}{z_t}}{\tau + e(g_{t+1})}$。得到以下性质：

（1）技术进步率的上升减少了孩子的数量，而增加了孩子的质量。即

$$\frac{\partial n_t}{\partial g_{t+1}} \leqslant 0, \frac{\partial e_{t+1}}{\partial g_{t+1}} \geqslant 0$$

（2）若 $z_t \leqslant \tilde{z}$，则父母收入的增加导致了孩子数量的上升，但对他们的质量并不影响。

（3）若 $z_t > \tilde{z}$，则父母收入的增加并不影响孩子的数量和质量。

技术进步

假设技术进步 g_{t+1} 依赖于 t 期的人均教育水平 e_t 与 t 期的人口 L_t：

$$g_{t+1} = g(e_t, L_t) \tag{1.16}$$

假设

$$g(0, L_t) > 0, g_i(e_t, L_t) > 0, g_{ii}(e_t, L_t) < 0, i = e_t, L_t$$

由这一假设，技术进步随人口的增加而增加。这一假设是与实际情况相符的。

由定义 $g_{t+1} \equiv \dfrac{A_{t+1} - A_t}{A_t}$，得到 $t+1$ 期的技术

$$A_{t+1} = A_t(1 + g_{t+1}) \tag{1.17}$$

设初期的技术为 A_0 是给定的。

人口

$$L_{t+1} = n_t L_t \qquad (1.18)$$

由此得到

$$L_{t+1} = \begin{cases} n^b(g_{t+1})L_t, & z_t \geqslant \tilde{z} \\ n^a[g_{t+1}, z(e_t, g_t, x_t)]L_t, & z_t < \tilde{z} \end{cases} \qquad (1.19)$$

设初期的人口为 L_0 是给定的。

有效资源

工人人均有效资源 $x_t \equiv \dfrac{A_t x}{L_t}$，则

$$x_{t+1} = \frac{A_{t+1} x}{L_{t+1}} = \frac{1+g_{t+1}}{n_t} \frac{A_t x}{L_t} = \frac{1+g_{t+1}}{n_t} x_t$$

为平均工人有效资源的变革。这里设 $x_0 = \dfrac{A_0 x}{L_0}$ 为给定的。

由式（1.15）和式（1.16），得到

$$x_{t+1} = \begin{cases} \dfrac{[1+g(e_t, L_t)][\tau + e(g(e_t, L_t))]}{\gamma} x_t, & z_t \geqslant \tilde{z} \\[4mm] \dfrac{[1+g(e_t, L_t)][\tau + e(g(e_t, L_t))]x_t}{1 - \dfrac{\tilde{c}}{z(e_t, g_t, x_t)}}, & z_t < \tilde{z} \end{cases} \qquad (1.20)$$

令

$$\varphi^b(e_t, L_t) \equiv \frac{[1+g(e_t, L_t)][\tau + e(g(e_t, L_t))]}{\gamma}$$

及

$$\varphi^a(e_t, g_t, x_t, L_t) \equiv \frac{\left[1 + g(e_t, L_t)\right]\left[\tau + e(g(e_t, L_t))\right]}{1 - \dfrac{\tilde{c}}{z(e_t, g_t, x_t)}}$$

且得到 $\varphi_e^b(e_t, L_t) > 0$ 及 $\varphi_x^a(e_t, g_t, x_t, L_t) < 0$。

动态系统

经济的发展由以下满足式（1.14），式（1.16），式（1.18）和式（1.20）的序列

$$\{e_t, \ g_t, \ x_t, \ L_t\}_{t=0}^{\infty}$$

所决定。由前面的分析，此动态系统分为两个部分。

（1）当 $z_t < \tilde{z}$ 时，

$$\begin{cases} x_{t+1} = \varphi^a(e_t, g_t, x_t, L_t) x_t \\ e_{t+1} = e[g(e_t, L_t)] \\ g_{t+1} = g(e_t, L_t) \\ L_{t+1} = n^a[g(e_t, L_t), z(e_t, g_t, x_t)] L_t \end{cases} \qquad (1.21)$$

（2）当 $z_t \geqslant \tilde{z}$ 时，应有

$$\begin{cases} x_{t+1} = \varphi^b(e_t, L_t) x_t \\ e_{t+1} = e[g(e_t, L_t)] \\ L_{t+1} = n^b[g(e_t, L_t)] L_t \end{cases} \qquad (1.22)$$

因为四维和三维的动态系统既难以得到解析解，又难以用位相图来表示，因此采用简化的手法，在分析技术与教育动态时，把人口当作不变的定数来看，这样就可以减少动态系统的维数，用位相图来进行分析。

Doepke（2004）研究了在各发达国家中，从产业化前的停滞状态

向现代增长进行的经济移转会伴随人口从高到低的变化。这一论文开拓了伴随人口减少的停滞状态转向增长的出生率与经济增长一体化模型。在政策方面，非常严厉禁止使用童工的时期，教育方面的补助会产生较小的效果。除了对于出生率所给予的影响外，在这一政策发展的过程中，也决定了收入分配的发展。

同样说人口减少，不同的国家人口的减少率有很大差别。例如，韩国与巴西，达到经济发展的时期差不多相同，那时的出生率也大致相同，但韩国的人口减少却很严重。这一论文试图说明由于教育与童工的劳动政策不同而造成国家之间人口减少的速度不同的结果。

第一，差不多所有的经济模型中，出生率的选择基于数量与质量，即孩子的数量与孩子平均教育的相反的利益。若出生率与孩子的教育确实是相互影响的话，政府对于孩子受教育机会的政策就对出生率有重要的影响。

第二，我们观察经济增长期间国家之间关于孩子教育与劳动政策的差异很大。差不多在所有的国家，发展的某个时期导入教育与劳动制度，但是所导入的制度的程度与时间点却大有差异。韩国从 50 年代开始，致力于加强基础教育，从 60 年代起完全地排除童工，由于教育的发展，而快速开始发展。而巴西基本上没有重视基础教育，在教育上相对比别的国家落后，在 90 年代仍允许童工存在。

这篇论文的模型中，各个国家之间，关于孩子的劳动限制与教育补助金导入时间不同而对出生率减少速度的影响程度不同。理论的框架由下面三个重要要素所组成：农业生产函数、工业生产函数与量—质出生率模型。

从实证分析可以知道这些要素确实对人口增长的移动产生影响。如果父母必须支付孩子的教育，而且孩子的劳动必须限制的话，出生率的移动就变得缓慢，进行也缓慢。如果孩子的劳动限制很严，教育方面的补助金对出生率和人口增长产生相对小的影响。

对这一制度实行的时间所产生的影响进行了调查。这一制度开始实行的时期对收入分配产生很大影响。若制度在人口刚开始移动时实行的话，不平等在移动的期间保持较低的水平。若滞后实行这一制度的话，最初时收入的差很大，一旦政策改变则不平等的差减少。

论文得到的结果显示，影响教育机会成本的政策是造成国家之间人口移动差异的原因。因为影响出生率的政策在经济移动期间很大地影响收入分配，拥有技术的父母和没有经过训练的父母之间的内生出生率的差别是带来分配效果的主要因素。通过这一差异，教育政策给予经过训练和没有经过训练的人们的相对数目以长期的影响。

Galor 和 Weil（2000），Kogel 和 Prskawetz（2001），Jones（2001），Hansen 和 Prescott（2002）及 Tamura（2002）开发了从伴随人口移动的工业革命到现代增长为止的产生移动的模型。这些模型的特征在于人力资本收益率的上升减少了出生率。其他的出生率减少的理论基于男性和女性的社会作用的变化（Galor and Weil，1996；Lagerlof，2003）、老年保障和儿童死亡率的变化的文献。这篇论文对于童工的强调与 Hazan 和 Berdugo（2002）相似，他们主张童工与成年工人之间工资率增加的差别造成出生率的减少。现有的论文或者并没有集中讨论国家之间出生率减少的差别，而讨论这一差别的论文又有很多的解释。例如，国家之间关于子女的质量偏好的差异，孩子成本的差异，生产技术集约性的差异或者移动过程中，人力资本的生产函数给予出生率的影响等。Galor 和 Moav（2002）开发了人口方面对于儿童质量的偏好分配的问题。Galor

和 Moutford（2003）集中在国际贸易的作用、对于经过训练劳动的需要和人口增长上。

第五节　出生率与经济增长的关系

关于出生率与经济增长关系的模型，Barro 和 Becker（1989）首先给出了这一模型。这一模型建立在离散经济增长模型的基础上，但却考虑了整个子孙王朝的总效用最大化的问题。这相似于世代交叠模型，不同的是，每个世代热爱自己的后代，后代的效用乘以一个因子加在这一世代的效用上，而这一乘数因子与孩子数目有关，它表示了父母一代对于孩子的热爱程度。对于每个世代都要做这样的选择：决定孩子的数目和留给每个孩子的资本数量。这样，虽然只有一种商品被生产，但决定下期投资的同时也要决定孩子的数目。

Becker 和 Barro（1988）在开放的模型中指出并证明了出生率与世界的长期利息率、父母对于孩子的利他程度、孩子生存概率的增长显示正相关的关系，而与技术进步率和养老保障显示负相关的关系。也证明了出生率与世代之间的消费增长、子女养育成本的变化相关，但却与时间偏好的利息率无关。

Barro 和 Backer（1989）在封闭经济模型的框架下，父母给出一个选择同时自己的消费、留给子女的遗产和孩子的数目的动态模型。在这一经济中，在人口增长及资本蓄积选择决定的同时也决定了利息率与工资率。使用这一模型，可以评价子女的养育成本、税金系统、偏好和技术条件、人口与资本库存的振动所产生的影响。以下是这篇论文的模型。

第 i 世代的效用为:

$$U_i = U(c_i) + \alpha(n_i)n_i U_{i+1} \tag{1.23}$$

而

$$\alpha(n_i) = \alpha n_i^{\varepsilon}, 0 < \alpha < 1, \ 0 < \varepsilon < 1 \tag{1.24}$$

这里 n_i 为第 i 世代的出生率。

经济主体的效用函数

$$U_0 = \sum_{i=0}^{\infty} \alpha^i (N_i)^{1-\varepsilon} v(c_i) \tag{1.25}$$

这里

$$N_i = \Pi_{j=0}^{i-1} n_j, j = 1, 2, \cdots; N_0 = 1, v(c_i) = c_i^{\sigma}, \sigma < 1 \tag{1.26}$$

N_i 为 i 世代的人口。

效用最大化问题

$$\max_{N_i, c_i} \sum_{i=0}^{\infty} \alpha^i (N_i)^{1-\varepsilon} v(c_i)$$

$$\text{s. t. } w_i + (1 + r_i)k_i = c_i + n_i(\beta_i + k_{i+1})$$

其中, w_i 和 r_i 分别为工资率和利息率, 而

$$\beta_i = a(1+g)^i + bw_i (a \geq 0, \ 0 \leq b < 1)$$

为抚养一个孩子所需的费用, 而 k_{t+1} 为每个孩子所应得的遗产。

在这里考虑两个期间效用的最大化问题,

$$\alpha^i (N_i)^{1-r} v(c_i) + \alpha^{i+1} (N_{i+1})^{1-r} v(c_{i+1})$$

设 $v(c) = \ln c$。

31

由最大化的一阶条件，得到

$$n_i = \alpha(1 + r_{i+1})\left[\frac{\beta_{i-1}(1 + r_i) - w_i}{\beta_i(1 + r_{i+1}) - w_{i+1}}\right]^{1-\sigma} \qquad (1.27)$$

从这一公式知道，利息率与 α 较高的话，孩子的数目也多。

假设外生的技术进步率为 g，生产函数

$$\hat{y} \equiv \frac{Y_i}{(1 + g)^i L_i} = f(\hat{k}_i)$$

其中

$$\hat{k}_i \equiv \frac{K_i}{(1 + g)^i L_i}$$

$$\hat{w}_i \equiv \frac{w_i}{(1 + g)^i} = f(\hat{k}_i) - \hat{k}_i f'(\hat{k}_i)$$

及

$$\hat{\beta}_i \equiv \frac{\beta_i}{(1 + g)^i} = a + b\hat{w}_i$$

由均衡条件，得到以下的方程：

$$\hat{w} + (1 + r)\hat{k} = \frac{\sigma}{1 - \varepsilon - \sigma}\left[\frac{\hat{\beta}(1 + r)}{1 + g} - \hat{w}\right] + n[\hat{\beta} + (1 + g)\hat{k}] +$$

$$bn\hat{k}[1 + r - n(1 + g)] \qquad (1.28)$$

与

$$n^\varepsilon = \frac{\alpha(1 + r)}{(1 + g)^{1-\sigma}} \qquad (1.29)$$

由式（1.29）得到消费的高增长率减少了出生率。即较高的 g 伴随着较低的出生率。

孩子的抚养成本的差别

若 $\hat{\beta}$ 变化，也就是 a 或 b 发生变化的话，从式（1.29）可以知道均衡出生率并不直接地依赖于孩子的抚养成本。也就是说，在 α，g，σ，r 给定的情况下，成本 $\hat{\beta}$ 并不对人口增长产生直接的影响。这一影响与其说是对出生率，不如说是对全盘的子孙人口水平产生影响。但是 $\hat{\beta}$ 影响了 $\hat{k}$，因此影响均衡利息率 $r = f'(\hat{k})$。由于 $\hat{\beta}$ 的增加，即使在相同的 $\hat{k}$ 的情况下，由于有孩子的存在，而使消费降低。如增加 $\hat{k}$ 的话，则 r 便降低，由于 r 的减低而使出生率降低。在长期的情况下，孩子的高抚养成本确实导致了人口增长的低定常点，但这是通过低利息率而得到的，并非由孩子高的抚养成本而产生的直接影响。

孩子的死亡率下降也减少了孩子的抚养成本，提高了利息率。

因为孩子而征收的税金与补助金使得成本变化，若对于年轻人征收的税金上升的话，因为减少了孩子的整个人生的收入，而使得孩子的净成本升高。

若考虑不同的国家都有自己的资本和劳动市场的话，$\hat{\beta}$ 高的国家，相对地，利息率较低。也就是说，这个国家有相对低的人口定常增长率。

技术进步率

技术进步率 g 的上升导致了消费增长率的增加和出生率的下降。g 的上升也减少了人均资本，增加了利息率。由于利息率的上升也使得出生率上升。

α 大小的影响

由于 α 的增加而使得出生率上升。

虽然 Barro 和 Backer（1989）的论文很有名，得到了很多有用的结果，但因为论文所设的贴现率 $\alpha(n)$ 为幂函数形式，所以不存在动态变革，经济从初始状态一跃而走入定常状态，这样就失去了模型的很多魅力。

Benhabib 和 Nishimura（1989）把贴现率改为一个出生率的递增的凹函数。改变了资本从初始状态一跃到达均衡状态的局面，在贴现率导数的不同弹性的情况下，资本的最佳路径或单调地，或振动地趋向于长期均衡。但他们的分析是在资本的最佳路径唯一的假设下得到的，因为他们在证明最佳路径的变革时，使用了值函数的可微性，而值函数的可微，必须满足最佳路径是唯一的条件。但他们的模型，恰恰不能保证最佳路径的唯一性。

Qi 和 Kanaya（2010）改进了 Benhabib 和 Nishimura 的模型，得到了保证最佳路径唯一的条件，并在这些条件下证明了值函数的凹性和可微性。资本最佳路径的单调性，非零定常点的存在性、唯一性和稳定性。

以上都是建立在经济增长模型之上的关于出生率与资本积累及经济增长之间关系的结果。而 Galor 和 Weil（1996）则使用世代交叠模型来研究出生率与经济增长的问题。他们把伴随经济增长的出生率下降解释为女性的相对工资的上升使得孩子的机会成本上升而造成的结果。因为这篇论文是一篇经典论文，所以在这里较详细地叙述他们的论文和结果。

这篇论文把家庭的出生率/劳动供给选择与男人、女人的工资是内生决定的经济增长模型结合起来。主要的相关研究是研究经济增长怎样通过女性的相对佣金来影响家庭关于出生率水平和女性参加社会劳动的选择和这些决定怎样反过来通过生产来影响产出的增长。

论文中的模型体现了三个重要成分：首先，出生率为男女相对佣金的函数，女人的相对佣金上升导致的孩子成本的上升超过了家庭内收入的增加，因而导致了出生率的下降。其次，人口增长率影响了人均劳动者资本水平。最后，人均资本水平又影响男女相对佣金。高的劳动者人均资本水平又提高了男女相对佣金。

这篇论文的第一部分要从 Beker（1960）和 Mincer（1963）开始。孩子被当作持久商品而出现在父母的效用函数中。在孩子的价格不变的情况下，家庭收入的增加提高了对孩子的需求。当孩子完全是由女性抚养的情况下，男性的收入增加就产生了这样的效应。而女性的佣金的提高则产生了家庭收入增加和孩子的成本增加的效果。家庭收入增加的收入效应和孩子价格上升的替代效应并存，因而最终效果并不清楚。这篇论文中考虑替代效应高于收入效应的情况，因而，女性相对佣金的增加导致了出生率的下降。实证的论文 Heckman 和 Walker（1990），Butz 和 Ward（1979）都发现了女性佣金提高的负的效果和男性佣金提高的正的效果。Schultz（1985）使用农业产品世界价格的变化作为工具去克服收入和劳动供给的内生性，发现了女性的相对佣金在瑞典出生率转换上扮演的重要角色。

论文的第二部分是人口增长对平均劳动资本的影响。Barro（1991）和 Mankiw 等（1992）指出了资本稀薄化的影响去解释国家之间收入增长水平或收入增长率的回归中人口增长的负的系数。

这一论文的最后部分内容是经济的国家资本集约的增加提高了女性的相对佣金。女性相对佣金的增加似乎可以看作经济发展进程的一部分。在美国，1890 年到 1988 年间，全职工作的女性的佣金从全职男性的 46%上升到 67%。在模型中，简单地给出性别之间的差别：女性和男性拥有相同的脑力，但男性还拥有体力。经济越发展，则脑力的价格就越高。

这篇论文的三个部分导致了以下效果：资本/劳动比例的增加提升

了女性的相对佣金。女性相对佣金的上升导致了孩子抚养的替代和女性加入劳动市场。高的佣金和减少的人口增长都提高了平均工人资本水平。女性的佣金上升既是经济增长的结果，也是导致经济增长的原因。

这一模型也展示了多个稳定的定常均衡。在一个定常均衡中，出生率高，平均工人产出和资本比较低，女性佣金相对于男性也比较低。而在另一定常均衡中，出生率较低，平均工人工资和产出较高，女性的相对佣金也较高。这样，初始条件可以决定一个国家的长期定常均衡。

平均工人资本低的国家将收敛于发展的陷阱，高的出生率导致人均资本和产出的低下，而人均资本的低下，导致了女性相对佣金的低下，而相对佣金的低下又导致了高的出生率和女性的低的劳动供给。

模型为经济主体选择出生率与劳动供给的模型。在模型中男女的工资都由内生决定。在世代交叠的模型中，人存活三个期间。第一期，属于幼年期，依赖于父母，从父母那里获得固定数量的时间来消费。在第二期是青年期，他们工作，养育子女并为老年而储蓄。为了简单起见，假设在这一期并不消费。第三期是老年期，在这一期，用上一期的储蓄而消费。在这篇论文中，以夫妇为最小单位。因而假设，孩子是男女成对地出生，生来就是配偶。实际上这里的出生率是出生的新家庭的数目。男人与女人在幼年期和老年期是没有差别的，只是在青年期假设男人既有 1 单位的脑力，又有 1 单位的体力，而女人只有 1 单位的脑力，而没有体力，以区别男女，来说明出生率的下降与女性工资升高之间的关系。

1. 生产

存在三种生产要素：物力资本 K，体力劳动 L^p 和脑力劳动 L^m。体力劳动是一种需要力量的劳动，男人拥有的量多于女人。脑力劳动是男女具有相同能力的一种劳动。为简化模型，假设女人只有脑力，不拥有体力。

论文的关键假设是富有资本的经济，即富有经济中，对比体力劳动的报酬来说，脑力劳动的报酬要高于体力劳动的报酬。因为，物力资本可以很好地替代体力，却不能很好地替代人类的思考。

假设物力资本与脑力资本是互补的，而体力劳动与其他要素既非互补又非替代的。生产函数为

$$Y_t = a \left[\alpha K_t^{\rho} + (1-\alpha)(L_t^m)^{\rho} \right]^{\frac{1}{\rho}} + bL_t^p$$

$$a,b > 0, \alpha \in (0,1), \rho \in (-\infty,1) \tag{1.30}$$

因为只有男人供给体力劳动，因而体力劳动的数量 L^p 就与劳动的男人的人数也就是劳动年龄的家庭数相等。上面的式子可以表示为

$$y_t = a \left[\alpha k_t^{\rho} + (1-\alpha)(m_t^m)^{\rho} \right]^{\frac{1}{\rho}} + b \tag{1.31}$$

其中，$k_t \equiv \dfrac{K_t}{L_t^p}$ 为 t 期的家庭平均资本，m_t 为家庭平均的脑力劳动投入。因为男人总是投入 1 单位的脑力劳动，1 单位的体力劳动，而女人只投入 1 单位的脑力劳动，因而 $1 \le m \le 2$。假设所有的生产要素赚得他们的边界产品。设体力劳动的收益为 w_t^p，而脑力劳动的收益为 w_t^m。则

$$w_t^p = b \tag{1.32}$$

且

$$w_t^m = a(1-\alpha)(L_t^m)^{\rho-1} \left[\alpha K_t^{\rho} + (1-\alpha)L_t^{\rho} \right]^{\frac{1-\rho}{\rho}}$$

$$= a(1-\alpha)m_t^{\rho-1} \left[\alpha k_t^{\rho} + (1-\alpha)m_t^{\rho} \right]^{\frac{1-\rho}{\rho}} \tag{1.33}$$

男人赚得 $w_t^p + w_t^m$，而女人只赚得 w_t^m。保持 m_t^p 不变，体力资本的增加，提高了脑力劳动的收益，因而减少了男人和女人之间工资的比例差别。

2. 夫妇的决定问题

夫妇由他们的孩子数和生命的最后阶段的消费来得到效用。设没有

不确定性和遗产的动机存在。效用函数为

$$u_t = \gamma \ln n_t + (1 - \gamma) \ln c_{t+1} \tag{1.34}$$

其中，n_t 为夫妇的孩子数。由于模型中所用的单位是家庭，所以，孩子数实际上为下一代的夫妇数，即假设夫妇是一起出生的。

假设抚养孩子仅需要时间，花在抚养孩子上的时间就不能用于工作，所以孩子的机会成本与市场工资成比例。我们忽略孩子的质量，只注重孩子的数量。

令 z 是抚养每个孩子所需的时间比例。若女性抚养孩子，则需 zw_t^m，若男性抚养孩子，则需 $z(w_t^m + w_t^p)$。因而，女性抚养孩子，成本会低。若 $zn_t \leq 1$，则只有妻子抚养孩子；而若 $zn_t > 1$，则除妻子全职抚养孩子外，丈夫也要参加抚养孩子的工作。

由假设夫妇年轻时不消费，因而预算约束为

$$w_t^m z n_t + s_t \leq w_t^p + 2w_t^m, \quad z n_t \leq 1$$
$$w_t^m + (w_t^p + w_t^m)(z n_t - 1) + s_t \leq w_t^p + 2w_t^m, \quad z n_t > 1 \tag{1.35}$$

在第三期间，夫妇仅消费他们的储蓄和由此得到的利息。

$$c_{t+1} = s_t(1 + r_{t+1}) \tag{1.36}$$

家庭所需要决定的是他们要生几个孩子，因而就决定了要多少时间用于抚养孩子。由效用最大化问题

$$\max\left\{\gamma \ln\left(\frac{w_t^p + 2w_t^m - s_t}{w_t^m z}\right) + (1 - \gamma)\ln(s_t(1 + r_{t+1}))\right\}$$

由一阶条件

$$-\frac{\gamma}{w_t^p + 2w_t^m - s_t} + \frac{1 - \gamma}{s_t} = 0$$

得到

$$s_t = (1 - \gamma)(w_t^p + 2w_t^m)$$

当 $\gamma\left(2 + \dfrac{w_t^p}{w_t^m}\right) \leqslant 1$ 时，

$$zn_t = \gamma\left(2 + \dfrac{w_t^p}{w_t^m}\right)$$

而当 $n_t z > 1$ 时，应有

$$\max\left\{\gamma\ln\left(\frac{2}{z} - \frac{s_t}{z(w_t^p + w_t^m)}\right) + (1 - \gamma)\ln\left(s_t(1 + r_{t+1})\right)\right\}$$

由一阶条件

$$\frac{-\gamma}{2(w_t^p + w_t^m) - s_t} + \frac{1 - \gamma}{s_t} = 0$$

得到

$$s_t = (1 - \gamma)2(w_t^p + w_t^m)$$

代入预算约束式，得到当 $2\gamma > 1$ 时，

$$zn_t = 2\gamma$$

所以，得到

$$zn_t = \begin{cases} \gamma\left(2 + \dfrac{w_t^p}{w_t^m}\right), & \gamma\left(2 + \dfrac{w_t^p}{w_t^m}\right) \leqslant 1 \\ 2\gamma, & 2\gamma > 1 \\ 1, & \text{其他} \end{cases} \tag{1.37}$$

当脑力劳动的相对工资充分低时，式（1.37）的第一式不会被满

足，即 $\gamma(2+\dfrac{w_t^p}{w_t^m})<1$ 不会成立，因而女性会全职抚养孩子。当相对工资升高时，女性会加入劳动市场，部分时间抚养孩子，逐渐增加其参加工作的时间。当 $\gamma>\dfrac{1}{2}$ 时，无论脑力劳动的工资有多高，女性也不参加社会劳动，而将全部时间用于抚养孩子。由于我们观察到当工资充分高时，女性确实供给劳动，因而，限制 $\gamma<\dfrac{1}{2}$。这一限制保证了当 $\dfrac{w_t^p}{w_t^m}$ 充分小时，女性会供给劳动。由（1.37），这一限制意味着 zn_t 有上界为 1，也就是男性并不分出时间来抚养孩子。这样，给定 $\gamma<\dfrac{1}{2}$，

$$zn_t=\min\left[\,1,\ \gamma(2+\frac{w_t^p}{w_t^m})\,\right] \tag{1.38}$$

及夫妇的储蓄为

$$s_t=\begin{cases}(1-\gamma)(w_t^p+2w_t^m),\ zn_t\leqslant 1\\[2mm] w_t^p+w_t^m,\ zn_t=1\end{cases} \tag{1.39}$$

由于

$$m_t=\frac{L_t^m}{L_t^p}=\frac{L_t(2-zn_t)}{L_t}=2-zn_t \tag{1.40}$$

当 $\gamma<\dfrac{1}{2}$ 时，由代入 w_t^p，w_t^m 的值，得到

$$zn_t=\min\left\{1,\ \gamma\left[2+\frac{b}{a(1-\alpha)(2-zn_t)^{\rho-1}\left[\alpha k_t^\rho+(1-\alpha)(2-zn_t)^\rho\right]^{\frac{(1-\rho)}{\rho}}}\right]\right\}$$

$$\tag{1.41}$$

考虑

$$zn_t - \gamma \left\{ 2 - \frac{b}{a(1-\alpha)(2-zn_t)^{\rho-1}[\alpha k_t^\rho + (1-\alpha)(2-zn_t)^\rho]^{\frac{1-\rho}{\rho}}} \right\} = 0$$

令左侧为 $G(zn_t, k_t)$。

对 $(2-zn_t)^{1-\rho}[\alpha k_t^\rho + (1-\alpha)(2-zn_t)^\rho]^{\frac{\rho-1}{\rho}}$ 关于 $2-zn_t$ 求导，得到导数为

$$-(1-\rho)(2-zn_t)^{-\rho}[\alpha k_t^\rho + (1-\alpha)(2-zn_t)^\rho]^{\frac{\rho-1}{\rho}} - (\rho-1)(1-\alpha)$$

$$(2-zn_t)^{1-\rho}[\alpha k_t^\rho + (1-\alpha)(2-zn_t)^\rho]^{\frac{-1}{\rho}}$$

$$= \frac{-(1-\rho)[\alpha k_t^\rho + (1-\alpha)(2-zn_t)^\rho - (1-\alpha)(2-zn_t)^\rho]}{(2-zn_t)^\rho[\alpha k_t^\rho + (1-\alpha)(2-zn_t)^\rho]^{\frac{1}{\rho}}}$$

$$= \frac{-(1-\rho)\alpha k_t^\rho}{(2-zn_t)^\rho[\alpha k_t^\rho + (1-\alpha)(2-zn_t)^\rho]^{\frac{1}{\rho}}} < 0$$

所以，$\dfrac{\partial G(zn_t, k_t)}{\partial(zn_t)} = 1 + \dfrac{\gamma b \alpha(1-\rho)k_t^\rho}{a(1-\alpha)(2-zn_t)^\rho[\alpha k_t^\rho + (1-\alpha)(2-zn_t)^\rho]^{\frac{1}{\rho}}} >$

0，由隐函数定理，存在可微且可逆函数 $\psi(k)$，使得

$$zn_t = \min\{1, \psi(k_t)\}$$

其中，对任意 $k_t > 0$，$\psi'(k_t) < 0$。

现在证明 $\psi'(k_t) < 0$：

$$\frac{\partial G}{\partial k_t} = \frac{-\gamma b(-\frac{1-\rho}{\rho})[\alpha k_t^\rho + (1-\alpha)(2-zn_t)^\rho]^{\frac{1-2\rho}{\rho}}\alpha\rho k_t^{\rho-1}}{a(1-\alpha)(2-zn_t)^{\rho-1}}$$

$$= \frac{(1-\rho)\gamma b \alpha\rho k_t^{\rho-1}}{\rho a(1-\alpha)(2-zn_t)^{\rho-1}}[\alpha k_t^\rho + (1-\alpha)(2-zn_t)^\rho]^{\frac{1-2\rho}{\rho}} > 0$$

$$\psi'(k_t) = -\frac{\dfrac{\partial G}{\partial k_t}}{\dfrac{\partial G}{\partial(zn_t)}} < 0$$

由于 $zn_t = 1$，当且仅当 $k_t \leqslant k^*$ 时，其中

$$k^* = \psi^{-1}(1) \tag{1.42}$$

可以得到

$$zn_t = \begin{cases} \psi(k_t) & k_t > k^* \\ 1 & k_t \leqslant k^* \end{cases} \tag{1.43}$$

其中，$\psi(k_t) \in (0,1]$，对任意 $k_t \geqslant k^*$ 成立。这样，k^* 为女性全职抚养孩子情况下的夫妇平均最高资本。

3. 动态系统

$t+1$ 期的资本为 t 期的总储蓄：

$$K_{t+1} = L_t s_t \tag{1.44}$$

在 $t+1$ 期的劳动年龄的家庭为：

$$L_{t+1} = n_t L_t \tag{1.45}$$

得到 $k_{t+1} \equiv \dfrac{K_{t+1}}{L_{t+1}^p}$ 的表示式为：

$$k_{t+1} = \frac{s_t}{n_t} = \begin{cases} \dfrac{z(1-\gamma)w_t^m}{\gamma}, & k_t > k^* \\ z(w_t^p + w_t^m), & k_t \leqslant k^* \end{cases} \tag{1.46}$$

由式（1.32），式（1.33），式（1.40），式（1.43）和式（1.46），动态均衡序列被如下定义：

$$k_{t+1} = \varphi(k_t) = \begin{cases} za(1-\alpha)\dfrac{1-\gamma}{\gamma}\dfrac{\{\alpha k_t^\rho + (1-\alpha)[2-\psi(k_t)]^\rho\}^{\frac{1-\rho}{\rho}}}{[2-\psi(k_t)]^{1-\rho}}, k_t > k^* \\[4mm] z\{b + a(1-\alpha)[\alpha k_t^\rho + (1-\alpha)]^{\frac{1-\rho}{\rho}}\}, k_t \leqslant k^* \end{cases}$$

$$(1.47)$$

令 $A \equiv za\,(1-\alpha)\,(1-\rho)$，得到

$$\varphi'(k_t) = \begin{cases} \alpha\dfrac{1-\gamma}{\gamma}Ak_t^{\rho-1}\dfrac{2-\psi(k_t)+k\psi'(k_t)}{[2-\psi(k_t)]^{2-\rho}\{\alpha k_t^\rho + (1-\alpha)[2-\psi(k_t)]^\rho\}^{2-\frac{1}{\rho}}} > 0, \\[3mm] \qquad k_t \in (k^*, \infty) \\[3mm] \alpha Ak_t^{\rho-1}[\alpha k_t^\rho + (1-\alpha)]^{\frac{1}{\rho}-2} > 0, \quad k_t \in (0, k^*) \end{cases}$$

$$(1.48)$$

由 $\varphi'(k_t) > 0$，得出动态路径是单调的。

进一步，由式（1.47）和式（1.48）得到

$$\varphi(0) = z[b + a(1-\alpha)^{\frac{1}{\rho}}] > 0$$

$$\lim_{k_t \to \infty}\varphi'(k_t) = 0 \qquad\qquad (1.49)$$

证明 $\lim_{k_t \to \infty}\varphi'(k_t) = 0$。当论文中说，$k_t \in (k^*, \infty)$，$\varphi'(k_t) = \dfrac{\alpha(1-\gamma)}{\gamma}$

$Ak_t^{\rho-1}\dfrac{2-\psi(k_t)+k_t\psi'(k_t)}{[2-\psi(k_t)]^{2-\rho}\{\alpha k_t^\rho + (1-\alpha)[2-\psi(k_t)]^\rho\}^{2-\frac{1}{\rho}}}$ 大于 0，这恐怕是

出于直观，k_{t+1} 应随 k_t 的增加而增加。这样的话，就有上式的分子大于 0。

因而 $k_t\psi'(k_t) < 2$ 成立。只需考虑 $\{k_t^\rho[\alpha + \dfrac{(1-\alpha)(2-\psi(k_t))^\rho}{k_t}]\}^{2-\frac{1}{\rho}}$ 与分

子中含 k_t 的项即可。

所以

$$\lim_{k_t \to \infty} \varphi'(k_t) = \lim_{k_t \to \infty} \frac{1}{k_t^\rho} = 0$$

对 $\forall k_t \in (0, k^*)$，

$$\varphi''(k_t) = \alpha(\rho - 1)Ak_t^{\rho-2}\left[\alpha k_t^\rho + (1-\alpha)\right]^{\frac{1}{\rho}-2} + \left(\frac{1}{\rho} - 2\right)\alpha Ak_t^{\rho-1}$$

$$\left[\alpha k_t^\rho + (1-\alpha)\right]^{\frac{1}{\rho}-3}\alpha\rho k_t^{\rho-1} = \alpha Ak_t^{\rho-2}\left[\alpha k_t^\rho + (1-\alpha)\right]^{\frac{1}{\rho}-3}\left[(\rho-1)\alpha k_t^\rho + \right.$$

$$\left. (1-\alpha)(\rho-1) + (1-2\rho)\alpha k_t^\rho\right]$$

$$= \frac{\alpha Ak_t^{\rho-2}\left[(1-\alpha)(\rho-1) - \alpha\rho k_t^\rho\right]}{\left[\alpha k_t^\rho + (1-\alpha)\right]^{3-\frac{1}{\rho}}} \tag{1.50}$$

得到

$$\varphi''(k_t) = \begin{cases} < 0, & \rho \in [0,1) \\ > 0, & \rho \in (-\infty, 0) \end{cases} \tag{1.51}$$

当 k_t 很小时成立。

只证明第二种情况：当 k_t 非常小时，

$$\varphi''(k_t) = \frac{\alpha Ak_t^{\rho-2}k_t^\rho\left[(1-\alpha)\dfrac{(\rho-1)}{k_t^\rho} - \alpha\rho\right]}{k_t^{3\rho-1}\left[\alpha + \dfrac{(1-\alpha)}{k_t^\rho}\right]^{3-\frac{1}{\rho}}}$$

$$= \frac{k_t^{-\rho-1}\left[\dfrac{(1-\alpha)(\rho-1)}{k_t^\rho} - \rho\alpha\right]}{\alpha + \dfrac{1-\alpha}{k_t^\rho}}$$

当 $\rho \in (-\infty, 0)$ 时，分子的第二项充分大且为正，因而分子为正，而分母为正，因而 $\varphi''(k_t) > 0$。而当 $\rho \in [0,1)$ 时，分子为负，所以 $\varphi''(k_t) < 0$。

对任意 $k_t \in (0, k^*)$，$\rho \in [0, 1)$，$\varphi(k_t)$ 是严格凹的，但当 ρ

为负时，$\varphi(k_t)$ 在 $(0, \tilde{k})$，$\tilde{k} \in (0, k^*)$ 上是严格凸的。

4. 定常均衡

定常均衡是

$$\bar{k} = \varphi(\bar{k}) \tag{1.52}$$

的解。由 $\bar{k}$ 决定了唯一的出生率 $\bar{n}$。

$$\bar{n} = \begin{cases} \dfrac{\psi(\bar{k})}{z}, & \bar{k} \geq k^* \\[2mm] \dfrac{1}{z}, & k < k^* \end{cases} \tag{1.53}$$

一般来说，人口或者以一个常数比率增长或收缩，依赖于 z 的值。一个要素的导入，例如土地，它不能以与人口成比例地积累，可以导出一个定常点，在其上，人口的水平是常数，而不是增长率是常数。

由当 $k_t \to \infty$ 时，$\varphi(k_t) \to \infty$，及 $\lim\limits_{k_t \to \infty} \varphi'(k_t) = 0$，得到 $\lim\limits_{k_t \to \infty} \dfrac{\varphi(k_t)}{k_t} = \lim\limits_{k_t \to \infty} \varphi'(k_t) = 0$。因而，存在 k_t 充分大，有 $\varphi(k_t) < k_t$。由 $\varphi(0) > 0$，得到当 $k_t = 0$ 时，$\varphi(k_t) > k_t$。又由于 $\varphi(k_t)$ 是连续的，由介值定理，存在 k_t，使得 $\varphi(k_t) = k_t$ 成立。即为定常均衡点。然而，定常均衡点不一定是唯一的。

已知 $\varphi(k_t)$ 的严格单调性，及 $\varphi(0) > 0$，若 $k^* > 0$，$\varphi(k^*) < k^*$ 成立的话，必有 $k_t > k^*$ 使得 $\varphi(k_t) > k_t$，且由 $\lim\limits_{k_t \to \infty} \varphi'(k_t) = 0$，则一定存在非零的多个定常均衡。由 $(1.47) \sim (1.51)$ 和 $\varphi(k^*) < k^*$，$k^* > 0$，得到在某个参数值的取值范围会存在多个定常均衡。特别地，对 a，b，α，γ 和 z 的任意合适的值的集合，存在充分大的 ρ 的负值，使得多个定常均衡存在。

进一步, 由式 (1.48), 应得到

$$\lim_{k_t \to k_-^*} \varphi'(k_t) < \lim_{k_t \to k_+^*} \varphi'(k_t)$$

因为, 当 $k_t < k^*$ 时,

$$\lim_{k_t \to k_-^*} \varphi'(k_t) = \alpha A k^{*\rho-1} \left[\alpha k^{*\rho} + (1-\alpha) \right]^{\frac{1}{\rho}-2}$$

而

$$\lim_{k_t \to k_+^*} \varphi'(k_t) = \frac{\alpha(1-\gamma) A k^{*\rho-1}}{\gamma \left[\alpha k^{*\rho} + (1-\alpha) \right]^{2-\frac{1}{\rho}}}$$

因为 $\gamma < \dfrac{1}{2}$, $\dfrac{1-\gamma}{\gamma} > 1$, 所以, $\lim\limits_{k_t \to k_-^*} \varphi'(k_t) < \lim\limits_{k_t \to k_+^*} \varphi'(k_t)$。

在多重均衡的情况下, 存在一个低产出, 高出生率和一个高产出, 低出生率的定常点。在一个部门的世代交叠模型中多个定常均衡的存在性与新古典派关于偏好和技术的假设是一致的。在本模型中, 均衡的多重性是由于妇女参加劳动而产生的增长率的加速, 即使在常规的一个部门的世代交叠模型中可以保证唯一性的参数集合中, 在我们的模型下也会出现多重性。

出生率与产出的共同变革

1. 常数技术

$\{k_t\}_{t=0}^{\infty}$ 通过式 (1.31), 式 (1.40), 式 (1.43) 唯一地得到

$$y_t = a \left[\alpha k_t^{\rho} + (1-\alpha) m_t^{\rho} \right]^{\frac{1}{\rho}} + b,$$

$$m_t = 2 - z n_t$$

及

$$zn_t = \begin{cases} \psi(k_t)\,, & k_t \geqslant k^* \\ 1\,, & k_t \leqslant k^* \end{cases}$$

$\{n_t\}_{t=0}^{\infty}$ 和 $\{y_t\}_{t=0}^{\infty}$ 动态系统会展现稳定的非平凡的定常均衡。当有唯一的大域稳定的定常点存在时，平均每夫妇的资本存量变革的步伐不是单调的，当资本存量朝向 k^* 时，增长加速的步伐减慢，一旦超过 k^*，再一次减慢，朝着定常均衡 $\bar{k}$。这样，只要女人不参加劳动供给（即 $k_t < k^*$），产出的增长率随时间而下降，产出的水平保持相对低，而出生率则保持相对高。然而，一旦工人平均存量充分高，可以支撑一个吸引女性加入劳动市场的相对工资的话（即一旦夫妇平均资本存量水平超过 k^*），经济就会经历加速增长伴随着减少的出生率的过程，而以后增长减慢，最后经济收敛于一个高产出、低出生率的定常均衡。

考虑由多个定常均衡所刻画的经济。在一个定常点，出生率相对地高，平均工人产出和资本存量都相对的低，妇女的工资相对于男人也低。在另一定常点，出生率低，工人平均资本和产出都较高，女性的工资也较高。两个定常点由于女性的劳动参加不同而不同：在低的定常点上，女人把她们的时间花费在养育孩子上，而在高的定常点，女人部分时间工作，部分时间养育孩子。在这种情况下，初始条件决定了一个国家的长期定常均衡。具有相对低的平均工人资本水平的国家会收敛于一个发展陷阱，而高的出生率导致了低的人均资本，反过来，导致女人面对低的相对工资，维持她们的高出生率和低的劳动供给。

2. 技术进步

在没有技术变化的情况下，国家置于一个低产出，高出生率的均衡，而且永远停留在那里。在这一节，我们指出，技术进步将最终消除这个发展陷阱，导致一个产出迅速增长和出生率迅速转换的时期。

假设在每个期间经济经历了外生的技术变化：

$$a_t = a_0\lambda^t; \quad b_t = b_0\lambda^t; \quad \lambda > 1 \qquad (1.54)$$

在生产中，对不同的要素来说，技术变化是中性的。即技术相等地提高了它们的边际产品（对脑力、体力和资本三个要素来说）。

改进上一节的分析，技术进步使函数 $\varphi(k_t)$ 成比例地向上移动。然而，$\varphi(k_t)$ 函数发生折弯的点 k^* 值却不变。在只有一个定常点的情况下，动态系统的量的性质并不改变。然而，当多个定常均衡存在的情况下，多个定常均衡的这个可能性可能会完全消失。特别地，两个定常均衡中低的定常点将不复存在。对充分的生产力的技术来说，在低的定常点的一个国家在多重均衡不再可能存在的时刻，因为它朝向唯一的定常点移动，所以最终将经历一个出生率转换和一个高速产出增长的一个期间。

U 字形的女性劳动市场加入

以上给出的模型展示了一个在平均收入和女性劳动市场加入上的正相关的关系。因而，在收入与出生率之间的负相关的关系。这样的模型，一方面是正经受出生率转换的国家中出生率决定的一个很好的描述，或是美国 100 年来的出生率决定的一个好的描述，但它又不是全球性的。Goldin（1990）检验了美国从 1790 年开始的数据，发现已婚妇女参加劳动市场服从 U 字形的轨道。相似地，Durand（1975）和 Goldin（1994）报告了在收入与女性参加劳动在国家的大的交叉部门中是 U 字形的。在这一节中，我们讨论在模型上的变动使之能产生这种关系。

1. 供给限制：低出生率与高婴儿死亡率

把上述模型中在高收入水平上出生率减少与在低收入水平上出生率上升的模型相结合，提供了一个与观察到的女性劳动参加的 U 形方式相一致的理论。

考虑夫妇生产孩子，当收入低时，夫妇面对供给的限制，无法生产想要生产的孩子数。当收入增加时，提高了事实上的孩子数，使之接近于想存活的能要的水平。因而，增加了女性抚养孩子的时间，而减少了女性参加劳动的时间。在高水平的收入下，供给限制不再产生约束，事实上，孩子的数目等于想要的数目。

假设供给限制使约束的最大资本水平 $\bar{k}$ 在 k^* 以下。因而，出生率和女性的劳动参加时间路径有以下特征：资本的积累将带动事实上的出生率接近于想要的水平。在 $\bar{k}$ 与 k^* 之间，实际的出生率将等于希望的出生率，而且是常数。最后，当资本增长超过 k^*，妇女相对工资的增加将足以降低需要的出生率，相对于这个出生率的路径，展示了女性劳动参加的 U 形方式。

2. 非现代的生产部门

基本模型的第二个改进是加入与抚养孩子不完全对立的女性生产的第二技术，这一改进使模型与妇女参加劳动的 U 型方式一致。Goldin（1990）议论了妇女 19 世纪劳动参加的减少。"早期的工业化和城市的扩张快速地导致了在家庭的特化，高出生率的已婚妇女仅当工作可以在家中做时，才能做家庭内劳动。而工作与家庭的分离使得这些妇女工作的可能性减小。"假设存在一个市场商品的生产技术（设在家生产）在生产的同时又可以照看孩子。在家里的生产没有资本涉及，因而，当现代部门女性的隐性工资随资本上升时，女性在这个部门的边际产品将不被资本积累所影响。随着资本积累，家庭收入通过男性工资而增加，而女性在家庭部门的工资不变，这样，出生率上升（而且女性的劳动加入下落）。由于收入效应，一旦非家庭部门是充分生产力的（或者资本积累，或者技术进步），也有我们的基本模型中开发的效果：资本积累提高了女性的相对工资，这样就增加了女性的劳动供给。

Chakraborty（2004）在两个期间的世代交叠模型中导入内生死亡率。从第一期间到第二期间的生存概率依赖于由公共投资而增加的健康资本。由于生存的短暂而使得人们更重视现时的消费，而不重视对将来的投资，因而死亡率高的社会经济不能够快速增长。健康扮演着与其他人力资本完全不同的角色：由于寿命的增加，使得个人更加具有耐性。并且更加积极投资。死亡风险的减少使得投资的收益提高。

在贫困社会中，生命期望很低时，个人对将来的贴现率更小而且不倾向于储蓄和投资。由于普遍的贫困，他们不可能在公共健康上花费金钱。因而低收入和高死亡率并存。在发展的最初阶段，高死亡率的社会比标准的一部门模型增长缓慢。当投资的动机对健康积累很敏感时会产生贫困的陷阱。重要的是，内生的死亡率通过储蓄率而产生多重影响：国家与国家之间生产力的差别放大了资本—产出比率的持久性差异和平均劳动者产出及长寿的差异。

死亡率也通过收益率而影响投资。例如与教育相结合的风险就不能完全地分散。高死亡率减少了投资的收益。最近的增长理论，如 Lucas 讨论了人力资本由于改善了劳动的技术，导致了技术革新，造成了经济上有用的知识的扩大等而对长期经济增长有所贡献。当死亡率对教育的决定有相当的影响时，只是健康资本不同的国家并不收敛于相似的生活标准。

最近，世界银行提出了长寿的改善怎样促进了经济增长的问题。这一论文的贡献在于把直观的一般均衡的框架与健康投资相结合。死亡率与增长的理论研究差不多都考虑外生的死亡率的下降。分析的问题包含了长寿的改善对经济增长和人力资本投资上的影响及儿童的死亡率的下降怎样改变了生育孩子的意欲并导致了人口转换的内容。

生命的长短和资本积累

t 时期出生的年轻人的生存概率 φ_t 是健康资本 h_t 的递增函数和凹函数，有以下性质：

$$\varphi_t = \varphi(h_t) \tag{1.55}$$

满足 $\varphi(0) = 0, \lim\limits_{h \to \infty} \varphi(h) = \beta < 1, \lim\limits_{h \to 0} \varphi(h) = \gamma < \infty$。

期间 t 的公共健康支出由劳动收入的比例税 $\tau_t \in (0, 1)$ 来筹集。这样的话，每个年轻人的健康投资为 $\tau_t w_t$。这一投资通过收益为常数的技术提高个人的健康资本：

$$h_t = g(\tau_t w_t) = \tau_t w_t \tag{1.56}$$

t 世代在 t 期末出生，从 $t+1$ 期开始经济活动，他们不继承他们父母的健康资本。

为了把不确实的生涯的相关风险抽象化，我们服从 Blan – Chard 和 Yaari 的假设：所有的储蓄通过投资信托（mutual fund）而变为中间的完全的年金市场。每个个人到他们年轻阶段的终止为止，把他们的储蓄用投资信托的方式储蓄。这一投资信托把他们的储蓄进行资本投资，并且保证生存的老年人有 $\dot{R}_{t+1}$ 的总收益。如果一只信托由于投资而得到总利益为 R_{t+1} 的话，在完全竞争均衡时，可以保证得到 $\dot{R}_{t+1} = \dfrac{R_{t+1}}{\varphi_t}$。

t 期出生的人使他们的期望效用最大化：

$$U_t = \ln c_t^t + \varphi_t \ln c_{t+1}^t$$

$$\text{s. t. } c_t^t \leqslant (1 - \tau_t) w_t - z_t$$

$$c_{t+1}^t \leqslant \hat{R}_{t+1} z_t \tag{1.57}$$

假设 (w_t, R_{t+1}) 是给定的。在这里，z 记为年轻时的储蓄。由最大化效用 $\ln \left[(1 - \tau_t) w_t - z_t \right] + \varphi_t \ln (R_{t+1} z_t)$，得到一阶条件

$$\frac{-1}{(1 - \tau_t) w_t - z_t} + \varphi_t \frac{R_{t+1}}{\hat{R}_{t+1} z_t} = 0$$

即

$$-z_t + \varphi_t (1 - \tau_t) w_t - \varphi_t z_t = 0$$

得到

$$z_t = \frac{\varphi_t (1 - \tau_t) w_t}{\varphi_t + 1} = (1 - \tau_t) \sigma_t w_t \tag{1.58}$$

其中，$\sigma_t = \dfrac{\varphi_t}{1 + \varphi_t}$。

最终商品是由技术 $F(K,L)$ 来生产的。

$$F(K,L) = AK^\alpha L^{1-\alpha}$$

其中 $\alpha \in (0,1)$，$A > 0$。由于生产函数为一次齐次函数，所以可以写为

$$f(k) = Ak^\alpha \tag{1.59}$$

其中，$k = \dfrac{K}{L}$。这样，

$$w_t = f(k) - kf'(k) = (1 - \alpha) Ak^\alpha \tag{1.60}$$

$$R_t = 1 - \delta + \alpha Ak_t^{\alpha-1} \tag{1.61}$$

其中，δ 为物力资本的消耗率。

一般均衡

考虑一个外生给定的常数健康税 $\tau_t = \tau$，对任意 t 成立。竞争均衡由满足

$$k_{t+1} = (1-\tau)\sigma(\varphi_t)w_t \tag{1.62}$$

$$\hat{R}_{t+1} = \frac{R_{t+1}}{\varphi_t} \tag{1.63}$$

及式（1.55），式（1.56），式（1.60），式（1.61）和给定的初始资本—劳动比 k_0 的 $\{(k_t, h_t)\}$ 所刻画。把均衡价格和健康投资代入式（1.62），得到

$$k_{t+1} = (1-\tau)(1-\alpha)\sigma(k_t)Ak_t^\alpha \tag{1.64}$$

其中，$\sigma(k) \equiv \dfrac{\varphi(\tau(1-\alpha)Ak^\alpha)}{1+\varphi(\tau(1-\alpha)Ak^\alpha)}$。

我们验证生涯期望怎样影响各个时间和国家间的平均劳动者产量。从一个低的资本的起始点出发的经济，意味着低的收入，所以不适合在它的人口的健康上投资，这样高的死亡率又导致个人对将来的重视度很低，因而投资更少。这样将来的资本存量低，限制了将来的健康和经济的发展。高的死亡率和低收入互相作用，互相影响和加强。

初始所得与死亡率的差异可持续与否依赖于方程式（1.64）的正的定常点的唯一性。如果存在唯一的定常点的话，定常点为渐进地稳定。所有的经济都朝向唯一的定常点 $\bar{k}$ 增长，与关于初始的 k_0 值的差异长期没有关系。经济关于健康资本的差异也得到相似的结果。特别地，当经济从相似的所得水平出发，由于历史与气候的关系，假设其中一个国家享受高的生存率 β。高的死亡率与低的死亡率的国家一起，达

到长期相似的收入水平，可是，低死亡率的国家快速收敛。

非时间与空间一致的经济路径存在两个正的定常状态。高死亡率的社会只要不从十分高的资本库存出发，就不能从贫困与疾病的恶性循环中挣脱出来。当产出的资本弹性超过 $\frac{1}{2}$ 时，存在着这样的陷阱。当 $\alpha > \frac{1}{2}$ 时，资本的蓄积允许佣金的相对大的增加。这使得可以更大地减少死亡率。这样的话，资本库存的微小变化导致了大的生命期望，相反，提供了对于资本蓄积的刺激。

最近的研究，例如，Hall 和 Jones（1999），Klenow 和 Rodriguez - Clare（1997）指出技术的不同在观察的国家之间的收入分散的会计计算上面，至少与要素集约同等重要。技术的参数 A 的差异计算出了国家的平均劳动者产出的 25% ~ 67% 的差异。

现在，假设国家之间收入的差异在于 A。由于 A 的差异导致了平均劳动者定常产出的差异，$\alpha < \frac{1}{2}$ 的动态收敛在生活标准收敛上明显不再有意义。可是，这一模型说明了很多问题。在标准的新古典派的模型中（或者死亡率为定数的模型中），A 的变动对定常状态的资本—产出率没有影响。通过 A 的变动，可以知道平均劳动者产出的差异。新古典派的增长理论不能解释人均劳动者收入与国家间的资本—产出率之间观察到的正相关的关系。

我们的模型提供了关于不适当的社会基础与减少 A 的政策可以减少资本—产出率的一个解释。定常点的资本—产出率由式（1.59）和式（1.64）可以得到

$$\frac{\bar{k}}{y} = (1 - \tau)(1 - \alpha)\sigma[\tau(1 - \alpha)\bar{A}k^{\alpha}]$$

这里，重要的地方是有效的割引率 φ 对于健康的依赖。技术的差异导致了资本—产出率的定常点的差异。第一个原因为对于给出的资本库存低的 A，通过低的收入与健康投资，减少了寿命。第二是因为定常资本库存很低。因此，内生死亡率导致了多重效果——A 的差异通过健康投资除了直接地减少收入的水平外，也扩大了资本—产出的持续性的差异。定常平均产出为 $\bar{y} = A^{\frac{1}{1-\alpha}}\left(\dfrac{\bar{k}}{\bar{y}}\right)^{\frac{\alpha}{1-\alpha}}$。我们注意到 $\bar{y}$ 的关于 A 的弹性没有直接对生产力产生影响，而是通过 $\dfrac{\bar{k}}{\bar{y}}$ 来影响。从直接的意义来说，即使在 $\alpha < \dfrac{1}{2}$ 的情况下，技术很小的差异也导致了人均劳动者产出和死亡率的相对很大的差异。

很多的例子给出了关于这一多重影响的量的想法。设 $\alpha = \dfrac{1}{3}$，$\varphi(h) = \dfrac{h}{1+h}$ 及 $\tau = 0.05$，国家 i 与 j 的 A 不同。设 $A_i = 50$，$A_j = 25$。这个两倍的生产力的差异通过死亡率差异的传递，导致了三倍的产出的差异。如果生产力的差异三倍的话（$A_i = 75$），定常收入有 5.6 倍的差异。这意味着生命期望起了放大差异的效果。

命题 1.1（ⅰ）由式（1.64）描述的动态系统具有两个定常点 $\{0, \bar{k}\}$，当 $\alpha < \dfrac{1}{2}$ 时，只有正的定常点是渐进稳定的；而当 $\alpha > \dfrac{1}{2}$ 时，存在 3 个定常点 $\{0, \bar{k}_1, \bar{k}_2\}$，$\bar{k}_2 > \bar{k}_1$；两端的定常点渐进稳定，而中间的定常点不稳定。

（ⅱ）内生死亡率通过储蓄率起到了扩大了技术参数 A 的差异的多重效果，造成了持久的资本—产出率定常状态的差异，死亡率、平均产出的相对大的差距。

对于贫穷的国家，外生的与医药进步可以解释为 φ 的参数变动，例如，$\varphi(h) = \dfrac{\beta h}{1 + h}$。

本文虽然假定了定数的健康税，低收入和高死亡率环境里的人们当然希望低的税率。当死亡率已经很高时，高的健康税的现在的效用成本比起帮助改善将来的消费可能性，伤害要大于改善。因此，除去投资健康不可能的情况外，贫穷的经济也选择低的投资。

其次，本文忽视了互相的利他主义。如果家庭照顾子孙的话，他们留下遗产去替代老年的消费。即使有高的死亡率，资本积蓄并不负担这么多。世代间的转移在个人并不是完全利他的情况下，并不改变本文的结果。

最后，直接可以把本文的结果扩张到一般的同位（homothetic）偏好的情况。储蓄倾向 σ_t 通过健康投资依赖于 k_t，并通过 $\dot{R}_{t+1}$ 依赖于 k_{t+1}。年轻时与老年的消费只要是替代时，σ_t 是 R_{t+1} 的递增函数，或是 k_{t+1} 的递减函数。现在资本 k_t 的增加允许了大的健康投资，却对 σ_t 有相反的效果。较高的 k_t 增加了健康的支出，这一支出又提高了 φ_t。同时，因为这减少了储蓄的均衡收益 $\dot{R}_{t+1} = \dfrac{R_{t+1}}{\varphi_t}$，这降低了 σ_t。直接的生命长短的效果占优势的话，σ_t 增加了 k_t。

3. 死亡风险和在教育上的投资

即使存在完全的年金市场，在某些种类的投资上的死亡率风险也不能分散。特别是教育这样不能转让的人力资本的投资上面，使用发展中国家的年龄分别的死亡率和收入流，Meltzer 死亡率的倾斜对学校的注册有相当大的影响。人力资本为增长的动力时，死亡率扩大了国家间初始收入和健康的差异导致的生活水平的持续差异。

56

这一想法可以由以上分析的小的改善而被定式化。两个生命的期间个人持有 1 单位的劳动时间。x_t 包含了记为 t 时刻的年轻和老年劳动力的平均技术存量。x_t 代表了 $t-1$ 世代人取得的，而 t 世代的年轻人可以从双亲那里继承下来的技术。

t 时刻出生的个人，年轻时，由于时间的部分 s_t 去学校和投资，可以改善 x_t。相对于他的这一投资将来的生产力为

$$x_{t+1} = x_t \mu(s_t) \tag{1.65}$$

μ 为递增的凹函数，满足 $\mu(0) = 1$。为使生涯效用最大而选择学校 $(1-\tau)(1-s_t)w_t x_t + \dfrac{w_{t+1} x_{t+1}}{\hat{R}_{t+1}}$，$\tau$ 为年轻时工资收入的健康税。一阶条件

$$-(1-\tau)w_t x_t + \frac{w_t x_t \mu'(s_t)}{\hat{R}_{t+1}} = 0$$

$$\frac{(1-\tau)w_t \hat{R}_{t+1}}{w_{t+1}} = \mu'(s_t)$$

令

$$s_t^* = s\left(\frac{\varphi_t w_{t+1}}{w_t R_{t+1}}\right) \tag{1.66}$$

这里 s 是递增函数。方程式（1.66）抓住了收益率的实质。通过完全年金市场，个人的物力资本投资的死亡风险可以完全地保险，但是教育投资却不能保险。因此，死亡率的下降，提高了人力资本的相对魅力。在均衡中，死亡率的减小通过生命的长命效应，而推进了资本蓄积，又以高的将来工资的形式来更高地提高教育的回报。

有意思的是，内生死亡率导入了 Azariadis 和 Drazen 解释说明的形

式的门槛（threshold）效果。在这里教育的私收益通过外部性依赖于人力资本的社会存量。我们的人力资本技术这一外部性明显地没有嵌入。但是，通过公共健康的投资，死亡率为内生地决定的话，这可以与教育的私收益相交换：人力资本的一个形式可以注入另一个外部性。命题1.2简单地说明了这一情节。

命题 1.2 门槛（threshold）影响在内生死亡率下，成为人力资本技术（1.65）。对应于人力资本蓄积的增长率作为技术提高的存量、可以大量的健康投资，并减少死亡率。对于 μ 柔软的凹性，柔软的人力资本的变化产生增长的陡然增加。

面对定数的世界利率 $\bar{R}$，$\mu(s) = 1 + s^{\theta}$，$\theta \in (0,1)$ 时，在小的开放经济的这一"上升中"，平均劳动者的收入增长是人力资本存量的递增函数，$\mu(s_t^*) - 1 = [\delta\varphi\ (\tau\omega X_t)^{\frac{\theta}{1-\theta}}, \delta \equiv \dfrac{\theta}{(1-\tau)\bar{R}}$。最初比较缓慢，一旦人力资本达到临界点 $\hat{x}$ 时，则加速。在长期均衡经济收敛于唯一的增长率的定常点 $(\delta\beta)^{\frac{\theta}{1-\theta}}$。

如果我们承认线性技术的话，多重的均齐增长路径是可能的。$Y_t = AK_t^{\alpha}N_t^{1-\alpha}$，$N$ 为有效劳动供给，假定 $y_t = Ak_t^{\alpha}$。假设是技术使得下一个技术得到提高的话，

$$\mu(s) = 1 + \theta s, \theta > 0 \tag{1.67}$$

$$\max\{\ln[(1-\tau)(1-s_t)w_t x_t - z_t] + \varphi_t\ln[\hat{R}_{t+1}z_t + w_{t+1}x_{t+1}]$$

一阶条件：

$$\frac{-1}{(1-\tau)(1-s_t)w_t x_t - z_t} + \frac{\varphi_t\hat{R}_{t+1}}{\hat{R}_{t+1}z_t + w_{t+1}x_{t+1}} = 0$$

$$\hat{R}_{t+1}z_t + w_{t+1}x_{t+1} = \varphi_t\hat{R}_{t+1}[(1-\tau)(1-s_t)w_t x_t - z_t]$$

$$(1 + \varphi_t) \hat{R}_{t+1} z_t = \varphi_t \hat{R}_{t+1} \left[(1 - \tau)(1 - s_t) w_t x_t - \frac{w_{t+1} x_{t+1}}{\hat{R}_{t+1} \varphi_t} \right]$$

$$z_t = \frac{\varphi_t}{1 + \varphi_t} \left[(1 - \tau)(1 - s_t) w_t x_t - \frac{w_{t+1} x_{t+1}}{R_{t+1}} \right]$$

$$= \sigma_t \left[(1 - \tau)(1 - s_t) w_t x_t - \frac{w_{t+1} x_{t+1}}{R_{t+1}} \right] \tag{1.68}$$

σ 和以前一样,定义为储蓄倾向。

依赖于人力资本的初始存量 x_0,经济展示了两种形式的动态:其一,不进行教育投资;其二,进行教育投资。当不进行教育投资的均衡技术投资的收益并不比物力资本的投资收益大的时候产生教育投资。即,

$$\theta \leqslant (1 - \tau) \frac{w_t \hat{R}_{t+1}}{\varphi_t w_{t+1}} \tag{1.69}$$

这种情况下,人力资本的社会存量 x_0 保持为定数。有效的劳动供给为 $N_t = (1 + \varphi_{t-1}) x_0$。市场出清要求

$$N_{t+1} k_{t+1} = z_t$$

使用式(1.68)和均衡价格,竞争均衡以

$$k_{t+1} = (1 - \tau)(1 - \alpha) \left[\cfrac{1}{\cfrac{1}{\sigma(k_t)(1 - \sigma(k_t))} + \cfrac{1 - \alpha}{\alpha}} \right] A k_t^\alpha \tag{1.70}$$

为特征。在这里,$\sigma(k_t) = \dfrac{\varphi[\tau(1 - \alpha) x_0 A k^\alpha]}{1 + \varphi[\tau(1 - \alpha) x_0 A k^\alpha]}$。与以前相同,只要 $\alpha < \dfrac{1}{2}$,经济单调地收敛于唯一的平均生产者定常产出。

初始条件允许某个内生的教育均衡时,均衡满足 (s_t, k_t) 的差分

59

方程：

$$k_{t+1} = \frac{\alpha(1-\tau)A}{\theta} \frac{k_t^{\alpha}}{\varphi(k_t)}$$

$$\left[1 - s_{t+1} + \varphi(k_t) + \frac{1-\alpha}{\alpha}\sigma(k_t)\right]k_{t+1} = (1-\tau)(1-\alpha)A\left(\frac{1-s_t}{1+\theta s_t}\right)\sigma(k_t)k_t^{\alpha}$$

因为 φ_t 渐进地收敛于 β，所以存在唯一的正的定常点 (s^*, k^*)，而且是鞍点稳定的。把 (x_0, k_0) 作为给定的，(s_t, k_t) 单调地收敛于定常的增长率 θs^*。

即使当两个有不同的初始死亡率的国家收敛于同一均齐增长的时候，由于技术需要更加有欲望的投资，死亡率低的社会享受持续的高的劳动者平均产出水平。产生增长的陷阱。在初始的 (x_0, k_0) 水平，对于高死亡率的社会，满足无教育制约式（1.69）。另外，对于同样的向量 (x_0, k_0)，具有高生命期望的国家（如 β），式（1.69）并不成立。结果，高死亡率的社会即使沉滞，也应该经历生活标准的持续的改善。

在本文的最后，笔者通过实证分析证实了论文中模型和结论的正确性。

第二章　家庭内男女分工模型

这一章和下一章是由笔者发表在日本的一本经济学期刊上的论文改编而成。无论在模型上还是在证明上都做了很大改动，在这一章中，笔者给出一个家庭内男女分工的静态模型。这一章是下一章动态模型的准备。在这一静态模型中，首先以家庭为单位，选择他们的子女数和投入家庭劳动、市场商品的生产活动的时间比例。为了模型的简单，我们把子女数看作是出生率，所以子女数可以是非整数。在模型中，我们还假设存在最小的人力资本，这与实际情况相符合，因为虽然没有接受学校教育但还有一些通过观察别人就可以得到的人力资本，例如，抚养子女，家务劳动和一些农业生产活动等。我们也假设存在最大的人力资本，这也与实际情况相符，因为人不可能记住所有学的东西，会有遗忘。在模型中，假设男性的最高人力资本水平为 $\bar{h}_m$，女性为 $\bar{h}_f$，也可能是两者相等。

这一章中的模型设定与假设都是根据金谷贞男教授的论文而定的。生产函数的解析式是由笔者给出的。

在第一节，设定了模型的生产函数，给出了家庭的子女数，人力资本与产出之间的函数关系。第二节对这一生产函数做静态分析，分析人力资本水平的变化和子女数的变化对产出的影响。

第一节　静态模型的生产函数

假设在模型中，市场商品用于消费。以家庭作为基本单位，家庭的男女决定时间在养育子女、市场商品的生产和家务劳动之间的分配。假设商品生产需要人力资本的投入和时间的投入，养育子女，只需最低水平的人力资本，即接受教育前的人力资本就可以了，而家务劳动则不需要人力资本的投入，只需投入时间。

做完这样的假设后，我们必须说明这样设定的合理性。因为，家务劳动很多智力达不到正常水平的人也大致可以承担，所以假设家务劳动不需要人力资本的投入是合理的。当然，也可以假设家务劳动也需要人力资本，那样就会使模型的分析过于复杂，为了使模型既简单又不失合理性，所以做这样的假设。在教育子女方面这样的设定放在社会发达的现在就显得似乎不太合理，但是为了说明生产力很不发达时期的情况，这样的设定就显得合理了。那个时期，女人很少接受教育，虽然不能参加社会的工作，但可以操持家务和抚养子女。

假设男女一生所拥有的时间为 T。设哺育和教育子女的平均时间为 t_0，子女数为 n，则用于抚育子女的时间即为 nt_0，由于男女一生的时间都为 T，则女性用于其他生产的时间就为 $T - nt_0$。而男性由于可以不抚育子女，所以一生可用于生产的时间为 T。

模型中由市场商品和家务劳动来生产最终商品——人力资本，此人力资本可用于消费和下一代的人力资本投资。在模型中只有一种资本——人力资本。由于男女可用于市场商品生产的时间，女人要相对少一些。这样的话，男人从事市场商品生产的话，会比女人有更多的优势。所以，我们在下面假设男性的市场商品生产的比较优势也是合理的。

在模型中还假设市场商品的生产需要有人力资本的投入，而抚养子女和家庭劳动不需要人力资本的投入。假设不接受教育就可以得到随年龄增长而得到的基本人力资本 $\underline{h}$，这是可以拥有的最小人力资本。由于男人可以用于市场商品生产的时间更多，而且男人对于市场商品的生产比女性有着比较优势，因而，在模型中假设男人先接受教育，使得其能够参加消费商品的生产，然后女人再接受教育。这样的假设是合理的，而且也比较符合我国过去甚至是很多先进国家的实际状况。即使是现在，在我国的家庭中也大多是男性的学历高于女性或同样学历。在先进国家中由于接受更高教育的费用很高，就更是这样。所以，这一设定对于现代的情况也是近于合理的。

为什么做这样的假设呢？是因为要使模型不复杂化，否则要加入男女谁先接受教育，接受教育程度如何选择的问题，会变得很复杂，而且，这些选择问题不是我们模型要说明的主要问题，所以为省略这部分内容，我们假设男人先接受教育。由上面的议论，我们做这样的假设也是符合实际情况的。

因为模型中最小的单位是家庭，而且效用最大化的是整个家庭（男女夫妇）的效用，所以假设孩子是一男一女同时出生，也就是模型中实际上出生和抚养的是后代的家庭。关于这样的假设的合理性参见 Galor 和 Weil（1996）。

设哺育和教育子女的平均时间为 t_0，子女数为 n，则用于抚育子女的时间即为 nt_0，由于男女一生的时间都为 T，则女性的用于其他生产的时间就为 $T - nt_0$。

假设市场商品的生产，如果男人进行生产的话，假设商品的产量为 g，生产量与投入之间的关系为 $A_{cm}h_m t_{cm}$，其中，A_{cm} 为男人进行市场商品生产的生产性，h_m 代表男人的人力资本水平，t_{cm} 为男性参加市场商品生产的时间。设 $\theta_m = \dfrac{t_{cm}}{T}$（可知 $0 \leqslant \theta_m \leqslant 1$）则生产量与投入之间的关系就可以改写为 $A_{cm}h_m\theta_m T$。

而女人参加市场商品生产的生产量与投入之间的关系为 $A_{cf}h_f t_{cf}$，其中，A_{cf} 为女性在市场商品生产上的生产性；h_f 代表女性所具有的人力资本，而 t_{cf} 为女性在市场商品生产上投入的时间。令 $\theta_f \equiv \dfrac{t_{cf}}{T - nt_0}$（$0 \leqslant \theta_f \leqslant 1$）则可把上述关系改写为 $A_{cf}h_f\theta_f(T - nt_0)$。

对于家务劳动，设其表示为 x，如果男性生产的话，生产量与投入之间的关系表示为 $A_{xm}(1 - \theta_m)T$，其中，A_{xm} 表示男人的家务劳动的生产性，而 $(1 - \theta_m)T$ 则为男性一生进行家务劳动的时间，而女性进行家务劳动的产量与投入之间的关系为 $A_{xf}(1 - \theta_f)(T - nt_0)$，其中，$A_{xf}$ 为女性在家务劳动上的生产性，而 $(1 - \theta_f)(T - nt_0)$ 则为女性一生用于家务劳动的时间。

由于男女联合生产市场商品和家务劳动，所以，两种商品的生产函数分别为：

$$g = g(h_m, h_f, \theta_m, \theta_f, n) = A_{cm}h_m\theta_m T + A_{cf}h_f\theta_f(T - nt_0)$$
$$x = x(\theta_m, \theta_f, n) = A_{xm}(1 - \theta_m)T + A_{xf}(1 - \theta_f)(T - nt_0)$$

设最终商品的生产函数为：

$$f(g, x) = g^\gamma x^{1 - \gamma}$$

其中，$0 < \gamma < 1$。

下面要求出生产函数的具体表示式。先给出两个假设：

假设 1. $\dfrac{A_{cm}}{A_{xm}} > \dfrac{A_{cf}}{A_{xf}}$。

假设 2. $h = h_m + h_f$，设 $\underline{h}$ 为给定的正数，$h \geq 2\underline{h}$。设 $\bar{h}_m > \underline{h}$ 为一个定数，当 $h \leq \bar{h}_m + \underline{h}$ 时，$h_m = h - \underline{h}$；而当 $h > \bar{h}_m$ 时，$h_m = \bar{h}_m$。而且 $\bar{h} \leq \bar{h}_m + \bar{h}_f$，其中 $\bar{h}_f \leq \bar{h}_m$。

第一个假设了男性对比女性来说具有市场商品的比较优势。而第二个假设是说明教育并不是无止境的，或人力资本并非随着接受教育而一直增长的，达到一定程度以后，因为有遗忘的问题，因而，人力资本是有界的。这样的假设也是符合实际情况的。在这一假设中，男性先接受教育，达到最高程度后，女性再接受教育。这一假设也是从第一个假设和由于男性不生育和抚育子女，为达到家庭效用最大而导致的必然结果。因为，市场商品的产量与生产性、人力资本与时间投入成正比，而男性相对于女性有着商品生产的比较优势，时间的投入也高于女性，当然男性应该先接受教育，而且人力资本越高越好。而女性从事家务劳动的话，因为家务劳动不需要人力资本的投入，因而，女性会后接受教育。

现在解出最终商品生产函数的具体形式。关键在于得到 θ_m 和 θ_f 的具体表示。为了得到最佳的时间投入选择，从生产量的最大来求时间比例应满足的形式。求使 $\ln(F(h, n))$ 达到最大的时间比例的条件：

关于 θ_m，得到生产函数关于 θ_m 的导数为

$$\frac{\gamma A_{cm} h_m T}{g} - \frac{(1-\gamma) A_{xm} T}{x}$$

当 $0 < \theta_m < 1$ 时，一阶条件为

$$\frac{x}{g} = \frac{(1-\gamma)A_{xm}}{\gamma h_m A_{cm}}$$

由关于 θ_f 的导数

$$\frac{\gamma A_{cf} h_f (T - nt_0)}{g} - \frac{(1-\gamma)A_{xf}(T - nt_0)}{x}$$

当 $0 < \theta_f < 1$ 时，一阶条件为

$$\frac{x}{g} = \frac{(1-\gamma)A_{xf}}{\gamma h_f A_{cf}}$$

其中，

$$g = A_{cm}\theta_m h_m T + A_{cf}\theta_f h_f (T - nt_0)$$

$$x = A_{xm}(1 - \theta_m)T + A_{xf}(1 - \theta_f)(T - nt_0)$$

若同时满足 $0 < \theta_m < 1$，$0 < \theta_f < 1$ 的话，则有

$$\frac{A_{xm}}{A_{cm} h_m} = \frac{A_{xf}}{A_{cf} h_f}$$

成立。而由假设 1，$\dfrac{A_{xm}}{A_{cm}} < \dfrac{A_{xf}}{A_{cf}}$，又由假设 2，$h_m \geq h_f$，应该得到

$$\frac{A_{xm}}{A_{cm} h_m} < \frac{A_{xf}}{A_{cf} h_f}$$

成立，与上式矛盾。因而，$0 < \theta_m < 1$，$0 < \theta_f < 1$ 不能同时成立。

那么，或者 $\theta_m = 0$，$0 < \theta_f < 1$；或者 $\theta_m = 1$，$0 < \theta_f < 1$；或者 $\theta_f = 0$，$0 < \theta_m < 1$；或者 $\theta_f = 1$，$0 < \theta_m < 1$；或者都取端点解。

显然，$\theta_m = 0$，不是最佳选择。因为如果是这样的话，应满足条件

$$\frac{\gamma A_{cm} h_m}{g} - \frac{(1-\gamma)A_{xm}}{x} \leq 0$$

由此得到

$$\frac{x}{g} \leqslant \frac{(1-\gamma)A_{xm}}{\gamma h_m A_{cm}}$$

其中

$$g = A_{cf}\theta_f h_f (T - nt_0)$$

$$x = A_{xm}T + A_{xf}(1-\theta_f)(T - nt_0)$$

由关于 θ_f 的一阶条件,

$$\frac{x}{g} = \frac{(1-\gamma)A_{xf}}{\gamma h_f A_{cf}}$$

得到

$$\frac{(1-\gamma)A_{xm}}{\gamma h_m A_{cm}} \geqslant \frac{(1-\gamma)A_{xf}}{\gamma h_f A_{cf}}$$

由上面所证,矛盾。

考虑 $\theta_f = 1$,$0 < \theta_m < 1$ 的情况。由 $\theta_f = 1$,应有

$$\frac{\gamma A_{cf} h_f}{g} - \frac{(1-\gamma)A_{xf}}{x} \geqslant 0$$

因而得到

$$\frac{x}{g} \geqslant \frac{(1-\gamma)A_{xf}}{\gamma h_f A_{cf}}$$

而由 $0 < \theta_m < 1$,得到等式的一阶条件

$$\frac{x}{g} = \frac{(1-\gamma)A_{xm}}{\gamma h_m A_{cm}}$$

因而仍有

67

$$\frac{(1-\gamma)A_{xm}}{\gamma h_m A_{cm}} \geqslant \frac{(1-\gamma)A_{xf}}{\gamma h_f A_{cf}}$$

矛盾。因而这种情况也不存在。

那么，考虑当两个都是端点解的情况。注意，$\theta_m = 0$ 与 $\theta_f = 0$ 不能同时成立，因为，否则就有 $g = 0$，因而 $F(h,n) = 0$，肯定达不到最大。同样，$\theta_m = 1$ 与 $\theta_f = 1$ 也不能同时成立，因为那样的话，会有 $x = 0$，同样也有 $F(h,n) = 0$，也达不到最大。因而，只可能有 $\theta_m = 0$，与 $\theta_f = 1$ 同时成立，或 $\theta_m = 1$ 与 $\theta_f = 0$ 同时成立。

先考虑 $\theta_m = 0$，同时 $\theta_f = 1$。由前面所证，由 $\theta_m = 0$，得到一阶条件

$$\frac{x}{g} \leqslant \frac{(1-\gamma)A_{xm}}{\gamma h_m A_{cm}}$$

而由 $\theta_f = 1$，则得到

$$\frac{x}{g} \geqslant \frac{(1-\gamma)A_{xf}}{\gamma h_f A_{cf}}$$

由两个式子得到

$$\frac{(1-\gamma)A_{xf}}{\gamma h_f A_{cf}} \leqslant \frac{(1-\gamma)A_{xm}}{\gamma h_m A_{cm}}$$

由上面所证，此式与假定 2 矛盾。所以，这种情况也不存在。

综上所述，当 $0 < \theta_m < 1$ 时，因为两个时间比例不能同时都为内部解，因而只有 $\theta_f = 0$。而当 $\theta_m = 1$ 时，$0 \leqslant \theta_f < 1$ 才可能达到最佳。

那么，在这些情况下生产函数是什么样的形式呢？

1）考虑 $\theta_f = 0$ 的情况。

在这种情况下，若 $0 < \theta_m < 1$，则有

$$\frac{\gamma A_{cm} h_m}{g} - \frac{(1-\gamma) A_{xm}}{x} = 0$$

即

$$\frac{x}{g} = \frac{(1-\gamma) A_{xm}}{\gamma h_m A_{cm}} \qquad (2.1)$$

其中

$$g = A_{cm} h_m \theta_m T$$

$$x = A_{cf}(1-\theta_m) T + A_{xf}(T - nt_0)$$

代入式（2.1），得到

$$\frac{A_{xm}(1-\theta_m) T + A_{xf}(T-nt_0)}{A_{cm}\theta_m h_m T} = \frac{(1-\gamma) A_{xm}}{\gamma h_m A_{cm}}$$

即

$$\frac{A_{xm}(1-\theta_m) T + A_{xf}(T-nt_0)}{\theta_m T} = \frac{(1-\gamma) A_{xm}}{\gamma}$$

$$A_{xf} nt_0 = A_{xm}(1-\theta_m) T + A_{xf} T - \frac{1-\gamma}{\gamma} A_{xm} \theta_m T \qquad (2.2)$$

得到

$$n = \frac{T}{t_0} \left[\frac{A_{xm}}{A_{xf}}(1-\theta_m) + 1 - \frac{1-\gamma}{\gamma} \frac{A_{xm}}{A_{xf}} \theta_m \right] \qquad (2.3)$$

命题 2.1　$\theta_m < 1 \Leftrightarrow n > \dfrac{T}{t_0} \left\{ 1 - \dfrac{(1-\gamma) A_{xm}}{\gamma A_{xf}} \right\}$，其中 $\dfrac{(1-\gamma) A_{xm}}{\gamma A_{xf}} < 1$。

证明：必要性：当 $\theta_m < 1$ 时，由式（2.3），

$$n = \frac{T}{t_0} \left\{ 1 - \frac{1-\gamma}{\gamma} \frac{A_{xm}}{A_{xf}} \theta_m + \frac{A_{xm}}{A_{xf}}(1-\theta_m) \right\}$$

69

最后一项大于 0，而中间项又大于 $-\dfrac{1-\gamma}{\gamma}\dfrac{A_{xm}}{A_{xf}}$，所以

$$n > \frac{T}{t_0}\left[1 - \frac{(1-\gamma)A_{xm}}{\gamma A_{xf}}\right]$$

成立。

再证充分性：

假设 $n \leqslant \dfrac{T}{t_0}\left\{1 - \dfrac{(1-\gamma)\ A_{xm}}{\gamma A_{xf}}\right\}$，证明 $\theta_m = 1$。

由假设得到

$$T - nt_0 \geqslant \frac{1-\gamma}{\gamma}\frac{A_{xm}}{A_{xf}}T$$

也就是

$$\gamma A_{xf}(T - nt_0) \geqslant (1-\gamma)A_{xm}T$$

两边同乘以 $A_{cm}h_m$，得到

$$\gamma A_{xf}(T - nt_0)A_{cm}h_m \geqslant (1-\gamma)A_{xm}TA_{cm}h_m$$

若 $\theta_m < 1$ 的话，则有

$$x > A_{xf}(T - nt_0)$$

及

$$g = A_{cm}h_m\theta_m T < A_{cm}h_m T$$

因而得到

$$\gamma A_{cm}h_m x > (1-\gamma)A_{xm}g$$

其中

$$x = A_{xm}(1 - \theta_m)T + A_{xf}(T - nt_0)$$

$$g = A_{cm}h_m\theta_m T$$

与 $0 < \theta_m < 1$ 时的一阶条件矛盾。因而，当 $n \leqslant \dfrac{T}{t_0}\Big[1 - \dfrac{(1-\gamma)A_{xm}}{\gamma A_{xf}}\Big]$ 时，

只能有 $\theta_m = 1$。因此，当 $n > \dfrac{T}{t_0}\Big[1 - \dfrac{(1-\gamma)A_{xm}}{\gamma A_{xf}}\Big]$ 时，有 $\theta_m < 1$。Q. E. D.

这一命题是说，当 $\dfrac{A_{xm}}{A_{xf}} < \dfrac{\gamma}{1-\gamma}$ 时，当选择出生的孩子数充分大时，则女性除全职抚养子女和家务外，男性也要做家务劳动。这与古代有些国家的情况很相似，由于子女是父母的财产，选择多子女就增加了资产，那么，男性除生产外，还要承担一部分家务。当 $\gamma > 1 - \gamma$，即 $\gamma > \dfrac{1}{2}$ 时，$\dfrac{A_{xm}}{A_{xf}} < \dfrac{\gamma}{1-\gamma}$ 自然成立。对于子女数 $n = \dfrac{T}{t_0}\Big[1 - \dfrac{(1-\gamma)A_{xm}}{\gamma A_{xf}}\Big]$，是一个分界点，当子女小于此数值时，男性要全职进行市场商品的生产，但当子女数大于此数值时，男性要部分时间进行市场商品的生产，部分时间进行家务劳动。

那么当男性全职进行市场商品生产时，女性的情况又如何呢？考虑在什么条件下女性会参加市场商品的生产。

若女性参加市场商品生产的话，应有 $\theta_f > 0$。由于当 $\theta_f = 1$ 时，有 $x = 0$，此时，$F(h,n) = 0$。所以 $\theta_f = 1$ 不是最佳选择。因而 $0 < \theta_f < 1$，也就是说，θ_f 是内部解，因而满足一阶条件

$$\frac{\gamma A_{cf}h_f(T - nt_0)}{g} - \frac{(1-\gamma)A_{xf}(T - nt_0)}{x} = 0$$

即

$$\frac{x}{g} = \frac{(1-\gamma)A_{xf}}{\gamma h_f A_{cf}} \tag{2.4}$$

71

其中

$$g = A_{cm}\theta_m h_m T + A_{cf}\theta_f h_f (T - nt_0)$$

$$x = A_{xm}(1 - \theta_m) T + A_{xf}(1 - \theta_f)(T - nt_0)$$

由前面的分析，女性参加工作是在男性全职工作的基础上，所以此时应有 $\theta_m = 1$。代入式（2.4），得到

$$\frac{A_{xf}(1 - \theta_f)(T - nt_0)}{A_{cm}h_m T + A_{cf}\theta_f h_f (T - nt_0)} = \frac{(1 - \gamma)A_{xf}}{\gamma h_f A_{cf}}$$

通分得到

$$\gamma h_f A_{xf} A_{cf}(1 - \theta_f)(T - nt_0) = (1 - \gamma)A_{cm}A_{xf}h_m T + (1 - \gamma)\theta_f h_f A_{xf} A_{cf}(T - nt_0)$$

或

$$\gamma h_f A_{xf} A_{cf}(T - nt_0) = (1 - \gamma)A_{cm}A_{xf}h_m T + \theta_f h_f A_{xf} A_{cf}(T - nt_0)$$

得到

$$\gamma h_f A_{xf} A_{cf}(T - nt_0) > (1 - \gamma)A_{cm}A_{xf}h_m T$$

即

$$\gamma nt_0 A_{xf} A_{cf} h_f < T[\gamma A_{xf} A_{cf} h_f - (1 - \gamma)A_{xf}A_{cm}h_m]$$

即

$$\gamma nt_0 A_{cf} h_f < T[\gamma A_{cf} h_f - (1 - \gamma)A_{cm}h_m]$$

得到

$$n < \frac{T}{t_0}\left[1 - \frac{(1 - \gamma)A_{cm}h_m}{\gamma A_{cf}h_f}\right]$$

72

命题 2.2 考虑 $\theta_m = 1$。在这种情况下，$\theta_f > 0 \Leftrightarrow n < \dfrac{T}{t_0}\big[1 - \dfrac{(1-\gamma)A_{cm}h_m}{\gamma A_{cf}h_f}\big]$。

证明： 由于必要性已经在上面证明，所以，只证明充分性。

假设 $n \geq \dfrac{T}{t_0}\big[1 - \dfrac{(1-\gamma)A_{cm}h_m}{\gamma A_{cf}h_f}\big]$，则有

$$nt_0 \geq T - \frac{T(1-\gamma)A_{cm}h_m}{\gamma A_{cf}h_f}$$

即

$$T - nt_0 \leq \frac{T(1-\gamma)A_{cm}h_m}{\gamma A_{cf}h_f}$$

得到

$$\gamma A_{cf}h_f(T - nt_0) \leq (1-\gamma)A_{cm}h_m T$$

进一步，

$$\gamma A_{cf}h_f(T - nt_0) \leq (1-\gamma)A_{cm}h_m T + (1-\gamma)\theta_f A_{cf}h_f(T - nt_0)$$

更进一步，若 $\theta_f > 0$，应有

$$\gamma(1-\theta_f)A_{cf}h_f(T - nt_0) < (1-\gamma)A_{cm}h_m T + (1-\gamma)\theta_f A_{cf}h_f(T - nt_0)$$

两边同乘以 A_{xf}，得到

$$\frac{x}{g} < \frac{(1-\gamma)A_{xf}}{\gamma A_{cf}h_f}$$

其中

$$x = (1-\theta_f)A_{cf}h_f(T - nt_0)$$

$$g = A_{cm}h_m T + \theta_f A_{cf}h_f(T - nt_0)$$

而上式与 $\theta_f > 0$ 时的一阶条件

$$\frac{x}{g} = \frac{(1 - \gamma)A_{xf}}{\gamma A_{cf}h_f}$$

矛盾。Q. E. D.

这一命题说明了女性参加市场商品的生产活动的条件是，子女数量要低于一定的数值。这时的分界点不再像命题 2.1 中那样，是一个定数。设 $n_0^2(h) \equiv \frac{T}{t_0}[1 - \frac{(1 - \gamma)A_{cm}h_m}{\gamma A_{cf}h_f}]$，则 $n_0^2(h)$ 是 h 的函数，而且 $h = h_f + h_m$ 越大，当女性接受教育后，$h_m = \bar{h}_m$，所以 h_f 就越大，因而 $n_2^0(h)$ 就越大。因而家庭就越有可能选择出生率低于 $n_0^2(h)$。那么，女性参加市场商品生产的可能性就越大。$n_0^2(h)$ 还与 $\frac{A_{cm}}{A_{cf}}$ 相关，$\frac{A_{cm}}{A_{cf}}$ 越小，即男女的市场商品生产的生产性的比例越小，$n_0^2(h)$ 就越大，则女性选择低出生率，参加市场商品生产的可能性就越大。

由 $n_0^2(h)$ 的定义，当 $\gamma > \frac{1}{2}$ 时，$\frac{1 - \gamma}{\gamma} < 1$，当 $\frac{A_{cm}h_m}{A_{cf}h_f}$ 足够大时，可能会有 $\frac{(1 - \gamma)A_{cm}h_m}{\gamma A_{cf}h_f} > 1$，这样，$n_0^2(h) < 0$，女性并不参加市场商品的生产。而当 $\gamma < \frac{1}{2}$ 时，$\frac{1 - \gamma}{\gamma} > 1$，当 $A_{cf} \leq A_{cm}$ 时，由于 $\frac{A_{cm}h_m}{A_{cf}h_f} \geq 1$ 总是成立，所以必有 $n_0^2(h) < 0$，女性任何时候都不参加市场商品的生产。也就是说，当商品生产的生产性很小时，女性不参加市场商品的生产。

下面，比较 n_0^1 与 $n_0^2(h)$ 的大小。我们要证明 $n_0^1 > n_0^2(h)$，先证明

$$\frac{(1 - \gamma)}{\gamma}\frac{A_{xm}}{A_{xf}} < \frac{(1 - \gamma)}{\gamma}\frac{A_{cm}h_m}{A_{cf}h_f}$$

由假设 1,

$$\frac{A_{cm}}{A_{xm}} > \frac{A_{cf}}{A_{xf}}$$

得到

$$\frac{A_{cm}}{A_{cf}} > \frac{A_{xm}}{A_{xf}}$$

两边同乘以 $\dfrac{1-\gamma}{\gamma}$, 得到

$$\frac{(1-\gamma)A_{cm}}{\gamma A_{cf}} > \frac{(1-\gamma)}{\gamma}\frac{A_{xm}}{A_{xf}}$$

又由 $\dfrac{h_m}{h_f} \geq 1$,

$$\frac{(1-\gamma)A_{cm}h_m}{\gamma A_{cf}h_f} > \frac{(1-\gamma)}{\gamma}\frac{A_{xm}}{A_{xf}}$$

因此

$$n_0^2(h) = \frac{T}{t_0}\Big[1 - \frac{(1-\gamma)A_{cm}h_m}{\gamma A_{cf}h_f}\Big] < \frac{T}{t_0}\Big[1 - \frac{(1-\gamma)A_{xm}}{\gamma A_{xf}}\Big] = n_0^1$$

综合以上命题与讨论, 得到静态情况下的家庭内男女分工的生产函数。

定理 2.1 在家庭内男女分工的情况下, 女性生育和抚养子女, 进行家务劳动, 也可参加市场商品的生产。家庭选择生育的子女数目 n。设一生的时间为 T, 抚养每个子女所需的时间为 t_0。设市场商品的生产函数为

$$g = A_{cm}h_m\theta_m T + A_{cf}h_f\theta_f(T - nt_0)$$

其中，A_{cm}，A_{cf}分别为男、女对于市场商品生产的生产性，h_m与h_f分别为男、女的人力资本，而θ_m与θ_f则分别为男、女的用于市场商品生产的时间比例。设家庭劳动的生产函数为

$$x = A_{xm}(1 - \theta_m)T + A_{xf}(1 - \theta_f)(T - nt_0)$$

其中，A_{xm}与A_{xf}分别为男、女家庭劳动的生产性。而最终商品的生产函数为

$$f(g,x) = g^\gamma x^{1-\gamma}$$

则得到最终商品的生产函数

$$
F(h,n) = \begin{cases}
(A_{cm}h_m\theta_m T)^\gamma \left[A_{xm}(1-\theta_m)T + A_{xf}(T-nt_0)\right]^{1-\gamma}, n > n_0^1 \\
(A_{cm}h_m T)^\gamma \left[A_{xf}(T-nt_0)\right]^{1-\gamma}, n_0^2(h) \leq n \leq n_0^1 \\
\left[A_{cm}h_m T + A_{cf}h_f\theta_f(T-nt_0)\right]^\gamma \left[A_{xf}(1-\theta_f)(T-nt_0)\right]^{1-\gamma}, n < n_0^2(h)
\end{cases}
$$

其中，$n_0^1 = \dfrac{T}{t_0}\left[1 - \dfrac{(1-\gamma)A_{xm}}{\gamma A_{xf}}\right]$，$n_0^2(h) = \dfrac{T}{t_0}\left[1 - \dfrac{(1-\gamma)A_{cm}h_m}{\gamma A_{cf}h_f}\right]$，$h = h_m + h_f$。

这一生产函数说明了出生率 n（使用这方面研究的惯例，把每个家庭的孩子数与出生率同样看待，这样就可以避免 n 只能选整数的情况）与家庭的人力资本之间的关系。通过这一生产函数，可以解释人口增长的转换的问题。

在人口增长的转换过程与技术进步和平均生活水平的关系上，被认为经历这样三个历史阶段：马尔萨斯阶段，后马尔萨斯阶段和现代增长阶段。在马尔萨斯阶段，技术和人们的生活水平处于比较低的时期，家庭则选择多子女，而且家庭收入不足以养育更多的子女；后马尔萨斯阶段人均收入增加，而且出生率也上升的时期，因为这时家庭收入的增加

产生了对于子女的收入效应；而现代增长阶段，则是人均收入进一步增加，而出生率却下降的阶段。

本书中家庭内男女分工模型中的这一生产函数从人力资本的增长和女性参加社会工作的另一角度去说明这三个阶段发生的特点。生产函数的第一部分，即当 $n > n_0^1$，$h \leqslant \bar{h}_m + \underline{h}$ 时的生产函数，说明了马尔萨斯阶段的情况，这时人力资本低下，只有男性接受教育，拥有可以参加市场商品生产的人力资本，而女性没有接受教育，只能从事家庭劳动和养育子女。子女被当作财产来选择，当子女出生过多时，男性也要分出部分时间来进行家务劳动。生产函数的第二部分，即当 $n > n_0^2 (h)$ 时的生产函数，应该反映了后马尔萨斯时期的情况，在此时代中，男女都特化，男性全职市场商品生产，女性全职家庭劳动和抚养子女。而生产函数的第三部分则反映了现代增长阶段的状况。在这一阶段，出生率低于 $n_0^2 (h)$，此时的特点是人力资本高，出生率低，女性有较高的人力资本水平，她们参加市场商品的生产活动。

Color 和 Weil（1996）也使用女性参加社会劳动来解释很多先进国家的出生率低下的问题。但他们使用世代交叠模型，而且用女性的工资升高导致孩子的机会成本的上升来解释随着经济增长而导致出生率下降的问题。而我们是使用人力资本和无限期间的离散动态模型来研究这一问题，解释先进国家少子化的现象。

第二节　家庭的生产函数的静态分析

在这一节中对在上一节给出的生产函数做一些基本的分析。为了给出家庭的生产函数的人力资本和出生率对生产的影响的定量分析结果，我们给出以下定理。

定理 2.2 在假设 2 的条件下,

(1) 在点 $h = \bar{h}_m + \underline{h}$, F 关于 h 的偏导数不存在。当 θ_f 从零变为正数,或 θ_m 从 1 向小于 1 的数值转化时,F_h, F_{hn}, F_{nn}, 及 F_{hh} 不存在。

(2)(ⅰ)当 $h < \bar{h}_m + \underline{h}$, 且 $\theta_f = 0$ 时,有 $F_h > 0$; $F_n < 0$; $F_{hh} < 0$; $F_{hn} < 0$; $F_{nn} < 0$ 成立。

(ⅱ)当 $h < \bar{h}_m + \underline{h}$, 且 $\theta_f > 0$ 时,有 $F_h > 0$; $F_n < 0$; $F_{hh} = 0$; $F_{hn} = 0$; $F_{nn} = 0$ 成立。

(ⅲ)当 $h > \bar{h}_m + \underline{h}$, 且 $\theta_f = 0$ 时,有 $F_h = 0$; $F_{hh} = 0$; $F_{hn} = 0$; $F_{nn} = 0$。

(ⅳ)当 $h > \bar{h}_m + \underline{h}$, 且 $\theta_f > 0$ 时,有 $F_h > 0$; $F_{hh} > 0$(当 θ_f 很小时),$F_{hn} < 0$; $F_{nn} = 0$。

(3) 为了简化计算,设 $A_{cm} = A_{cf}$。在区间 $\left[\dfrac{\underline{h}}{1-\gamma}, \ \bar{h}_m + \underline{h} \right)$ 与 $\left(\bar{h}_m + \underline{h}, \ \dfrac{\bar{h}_m}{\gamma} \right]$ 上 F 的二阶偏导数存在。

证明: 为了证明 (1),先计算 F_h。假设 $\theta_m = 1$。有以下结果:

a) 当 $h \leqslant \bar{h}_m + \underline{h}$ 时,$\dfrac{\partial F}{\partial h} = \gamma A_{cm} T g^{\gamma-1} x^{1-\gamma}$。

b) 当 $h > \bar{h}_m + \underline{h}$, 且 $\theta_f = 0$ 时,因为 $h_m = \bar{h}_m$ 及 $\theta_f = 0$,所以,

$$\frac{\partial g}{\partial h} = \frac{\partial g}{\partial h_f} = 0$$

因而

$$\frac{\partial F}{\partial h} = 0$$

c）当 $h > \bar{h}_m + \underline{h}$，且 $\theta_f > 0$ 时，由于 $h_m = \bar{h}_m$，因而，

$$\frac{\partial g}{\partial h} = \frac{\partial g}{\partial h_f}$$

所以

$$\frac{\partial F}{\partial h} = \gamma \theta_f A_{cf} (T - nt_0) g^{\gamma-1} x^{1-\gamma}$$

由以上计算，得到在点 $h = \bar{h}_m + \underline{h}$，偏导数 F_h 不存在的结果。

下面计算 F_{hh}。

a）当 $h < \bar{h}_m + \underline{h}$，且 $\theta_f > 0$ 时，

$$\frac{\partial^2 F}{\partial h^2} = \gamma (\gamma - 1) A_{cm}^2 T^2 g^{\gamma-2} x^{1-\gamma} + \frac{\partial F_h}{\partial \theta_f} \frac{\partial \theta_f}{\partial h}$$

其中

$$\frac{\partial F_h}{\partial \theta_f} = \gamma (\gamma - 1) A_{cm} A_{cf} T (T - nt_0) h_f g^{\gamma-2} x^{1-\gamma} - \gamma (1 - \gamma) A_{cm} A_{xf} T (T - nt_0) g^{\gamma-1} x^{-\gamma}$$

$$= -\gamma (1 - \gamma) A_{cm} T (T - nt_0) g^{\gamma-2} x^{-\gamma} (A_{cf} h_f x + A_{xf} g)$$

由关于 θ_f 的一阶条件

$$\frac{x}{g} = \frac{(1 - \gamma) A_{xf}}{\gamma A_{cf} h_f}$$

得到

$$\gamma (A_{cf} h_f x + A_{xf} g) = A_{xf} g$$

即

$$A_{cf} h_f x + A_{xf} g = \frac{1}{\gamma} A_{xf} g$$

所以

$$\frac{\partial F_h}{\partial \theta_f} = -(1-\gamma) A_{cm} A_{xf} T(T - nt_0) g^{\gamma-1} x^{-\gamma}$$

再由关于 θ_f 的一阶条件

$$\frac{x}{g} = \frac{(1-\gamma) A_{xf}}{\gamma A_{cf} h_f}$$

得到

$$\gamma A_{cf} h_f x = (1-\gamma) A_{xf} g$$

即

$$\gamma A_{cf} h_f A_{xf} (1 - \theta_f)(T - nt_0) = (1-\gamma) A_{xf} [A_{cm} h_m T + A_{cf} h_f \theta_f (T - nt_0)]$$

得到

$$\gamma A_{cf} h_f A_{xf} (T - nt_0) = (1-\gamma) A_{xf} A_{cm} h_m T + A_{cf} h_f \theta_f (T - nt_0)$$

因而

$$\theta_f = \gamma - \frac{(1-\gamma) A_{cm} h_m T}{A_{cf} h_f (T - nt_0)}$$

那么

$$\frac{\partial \theta_f}{\partial h} = -\frac{(1-\gamma) A_{cm} T}{A_{cf} (T - nt_0) h_f}$$

则有

$$\frac{\partial F_h}{\partial \theta_f} \frac{\partial \theta_f}{\partial h} = (1-\gamma)^2 A_{cm}^2 T^2 \frac{A_{xf}}{A_{cf} h_f} g^{\gamma-1} x^{-\gamma}$$

综合以上计算，

$$\frac{\partial^2 F}{\partial h^2} = \gamma(\gamma-1)A_{cm}^2 T^2 g^{\gamma-2}x^{1-\gamma} + \frac{\partial F_h}{\partial \theta_f}\frac{\partial \theta_f}{\partial h}$$

$$= (1-\gamma)A_{cm}^2 T^2 g^{\gamma-2}x^{-\gamma}\left[-\gamma x + (1-\gamma)\frac{A_{xf}g}{A_{cf}h_f}\right]$$

由关于 θ_f 的一阶条件，中括号内的项的代数和为零。所以，当 $h < \bar{h}_m + \underline{h}$，$\theta_f > 0$ 时，$F_{hh} = 0$。

b) 当 $h < \bar{h}_m + \underline{h}$，而且 $\theta_f = 0$ 时，

$$\frac{\partial^2 F}{\partial h^2} = \gamma(\gamma-1)A_{cm}^2 T^2 g^{\gamma-2}x^{1-\gamma} < 0$$

c) 当 $h > \bar{h}_m + \underline{h}$，且 $\theta_f = 0$ 时，$F_{hh} = 0$。

d) 当 $h > \bar{h}_m + \underline{h}$，且 $\theta_f > 0$ 时，

$$\frac{\partial F}{\partial h} = \gamma\theta_f A_{cf}(T - nt_0)g^{\gamma-1}x^{1-\gamma}$$

而

$$\frac{\partial^2 F}{\partial h^2} = \gamma(\gamma-1)A_{cf}^2(T-nt_0)^2\theta_f^2 g^{\gamma-2}x^{1-\gamma} + \frac{\partial F_h}{\partial \theta_f}\frac{\partial \theta_f}{\partial h}$$

$$= -\gamma(1-\gamma)\theta_f^2 A_{cf}^2(T-nt_0)^2 g^{\gamma-2}x^{1-\gamma} + \left[\gamma A_{cf}(T-nt_0)g^{\gamma-1}x^{1-\gamma} - \right.$$

$$\left.\gamma(1-\gamma)\theta_f A_{cf}(T-nt_0)^2 g^{\gamma-2}x^{-\gamma}(xA_{cf}h_f + A_{xf}g)\right]\frac{\partial \theta_f}{\partial h} \quad (2.5)$$

由关于 θ_f 的一阶条件

$$\gamma A_{cf}h_f x = (1-\gamma)A_{xf}g$$

得到

$$\gamma(xA_{cf}h_f + A_{xf}g) = A_{xf}g,$$

即

$$xA_{cf}h_f + A_{xf}g = \frac{1}{\gamma}A_{xf}g$$

式 (2.5) 可变为

$$\frac{\partial^2 F}{\partial h^2} = -\gamma(1-\gamma)\theta_f^2 A_{cf}^2 (T-nt_0)^2 g^{\gamma-1}x^{1-\gamma} + [\gamma A_{cf}(T-nt_0)g^{\gamma-1}x^{1-\gamma} -$$

$$(1-\gamma)\theta_f A_{cf}(T-nt_0)^2 g^{\gamma-2}x^{-\gamma}A_{xf}g]\frac{\partial\theta_f}{\partial h}$$

$$= -\gamma(1-\gamma)\theta_f^2 A_{cf}^2(T-nt_0)^2 g^{\gamma-2}x^{1-\gamma} + [\gamma A_{cf}(T-nt_0)g^{\gamma-1}x^{1-\gamma} -$$

$$(1-\gamma)\theta_f A_{cf}(T-nt_0)^2 g^{\gamma-1}x^{-\gamma}A_{xf}]\frac{\partial\theta_f}{\partial h}$$

$$= -\gamma(1-\gamma)\theta_f^2 A_{cf}^2(T-nt_0)^2 g^{\gamma-1}x^{1-\gamma} + A_{cf}A_{xf}(T-nt_0)^2 g^{\gamma-1}x^{-\gamma}(\gamma-\theta_f)\frac{\partial\theta_f}{\partial h}$$

$$(2.6)$$

又由上面的计算

$$\theta_f = \gamma - \frac{(1-\gamma)A_{cm}h_m T}{A_{cf}h_f(T-nt_0)}$$

可以得到

$$\frac{\partial\theta_f}{\partial h} = \frac{(1-\gamma)A_{cm}Th_m}{A_{cf}(T-nt_0)h_f^2} = \frac{r-\theta_f}{h_f}$$

代入式 (2.6)，得到

$$\frac{\partial^2 F}{\partial h^2} = -\gamma(1-\gamma)A_{cf}^2(T-nt_0)^2\theta_f^2 g^{\gamma-2}x^{1-\gamma} + \frac{1}{h_f}A_{cf}A_{xf}(\gamma-\theta_f)^2(T-nt_0)^2$$

$$g^{\gamma-1}x^{-\gamma} = \frac{A_{cf}(T-nt_0)^2 g^{\gamma-2}x^{-\gamma}}{h_f}[-\gamma(1-\gamma)A_{cf}\theta_f^2 h_f x + A_{xf}(\gamma-\theta_f)^2 g]$$

$$(2.7)$$

当 $\theta_f \leq \gamma - \theta_f$ 时，

$$\frac{\partial F}{\partial h^2} \geq \frac{A_{cf}(T - nt_0)^2 g^{\gamma-2} x^{-\gamma}(1-\gamma)\theta_f^2}{h_f}[-\gamma A_{cf}h_f x + (1-\gamma)A_{xf}g] = 0$$

因而，得到

$$\frac{\partial^2 F}{\partial h^2} \geq 0$$

同理，当 $(\gamma - \theta_f) \geq (1-\gamma)\theta_f$，也就是 $\theta_f \leq \dfrac{\gamma}{2-\gamma}$ 时，也有同样结果。

下面计算 F_n，F_{hn} 和 F_{nn}。

先计算 F_n。

a）当 $h < \bar{h}_m + \underline{h}$，$\theta_f = 0$ 时，

$$F_n = -(1-\gamma)A_{xf}t_0 g^\gamma x^{-\gamma} < 0$$

而且

$$F_{nh} = -\gamma(1-\gamma)A_{xf}t_0 A_{cm}T g^{\gamma-1} x^{-\gamma} < 0$$

b）当 $h > \bar{h}_m + \underline{h}$，$\theta_f = 0$ 时，也有

$$F_n = -(1-\gamma)A_{xf}t_0 g^\gamma x^{-\gamma} < 0$$

但

$$F_{nh} = 0$$

c）当 $h < \bar{h}_m + \underline{h}$，$\theta_f > 0$ 时，

$$F_n = -\gamma A_{cf}t_0 h_f \theta_f g^{\gamma-1} x^{1-\gamma} - (1-\gamma)(1-\theta_f)A_{xf}t_0 g^\gamma x^{-\gamma}$$

$$= -\theta_f t_0 g^{\gamma-1} x^{-\gamma}[\gamma A_{cf}h_f x - (1-\gamma)A_{xf}g] - (1-\gamma)A_{xf}t_0 g^\gamma x^{-\gamma}$$

$$= -(1-\gamma)A_{xf}t_0 g^{\gamma}x^{-\gamma}$$

而

$$F_{nh} = -\gamma(1-\gamma)A_{cm}TA_{xf}t_0 g^{\gamma-1}x^{-\gamma} -$$

$$\gamma(1-\gamma)A_{xf}A_{cf}t_0 h_f(T-nt_0)g^{\gamma-1}x^{-\gamma}\frac{\partial\theta_f}{\partial h} -$$

$$\gamma(1-\gamma)A_{xf}^2 t_0(T-nt_0)g^{\gamma}x^{-\gamma-1}\frac{\partial\theta_f}{\partial h}$$

$$= -\gamma(1-\gamma)A_{cm}TA_{xf}t_0 g^{\gamma-1}x^{-\gamma} -$$

$$\gamma(1-\gamma)A_{xf}(T-nt_0)g^{\gamma-1}x^{-\gamma-1}t_0(A_{cf}h_f x + A_{xf}g)\frac{\partial\theta_f}{\partial h} \qquad (2.8)$$

由关于 θ_f 的一阶条件

$$\gamma A_{cf}h_f x = (1-\gamma)A_{xf}g$$

即

$$A_{cf}h_f x + A_{xf}g = \frac{A_{xf}g}{\gamma}$$

代入式（2.8），得到

$$F_{nh} = -\gamma(1-\gamma)A_{cm}TA_{xf}t_0 g^{\gamma-1}x^{-\gamma} - (1-\gamma)A_{xf}^2(T-nt_0)g^{\gamma}x^{-\gamma-1}t_0\frac{\partial\theta_f}{\partial h}$$

把 $\dfrac{\partial\theta_f}{\partial h} = -\dfrac{(1-\gamma)\ A_{cm}T}{A_{cf}\ (T-nt_0)\ h_f}$ 代入上式，得到

$$F_{nh} = (1-\gamma)A_{cm}A_{xf}Tt_0 g^{\gamma-1}x^{-\gamma-1}\left[\gamma x - (1-\gamma)\frac{A_{xf}g}{A_{cf}h_f}\right]$$

得到

$$F_{nh} = (1-\gamma)A_{cm}A_{xf}Tt_0 g^{\gamma-1}x^{-\gamma-1}\frac{1}{A_{cf}h_f}\left[\gamma A_{cf}h_f x - (1-\gamma)A_{xf}g\right]$$

由关于 θ_f 的一阶条件，得出

$$F_{nh} = 0$$

d) 当 $h > \bar{h}_m + \underline{h}$，且 $\theta_f = 0$ 时，

$$F_n = -(1-\gamma)g^\gamma x^{-\gamma} A_{xf} t_0$$

而

$$F_{nh} = 0$$

e) 当 $h > \bar{h}_m + \underline{h}$，且 $\theta_f > 0$ 时，

$$
\begin{aligned}
F_n &= -\gamma A_{cf} t_0 h_f \theta_f g^{\gamma-1} x^{1-\gamma} - (1-\gamma)(1-\theta_f) A_{xf} t_0 g^\gamma x^{-\gamma} \\
&= -\theta_f t_0 g^{\gamma-1} x^{-\gamma} [\gamma A_{cf} h_f x - (1-\gamma) A_{xf} g] - (1-\gamma) A_{xf} t_0 g^\gamma x^{-\gamma} \\
&= -(1-\gamma) A_{xf} t_0 g^\gamma x^{-\gamma}
\end{aligned}
$$

而

$$
\begin{aligned}
F_{nh} &= -\gamma(1-\gamma) A_{cf} \theta_f (T-nt_0) A_{xf} t_0 g^{\gamma-1} x^{-\gamma} - \gamma(1-\gamma) A_{xf} A_{cf} t_0 h_f (T-nt_0) g^{\gamma-1} \\
&\quad x^{-\gamma} \frac{\partial \theta_f}{\partial h} - \gamma(1-\gamma) A_{xf}^2 t_0 (T-nt_0) g^\gamma x^{-\gamma-1} \frac{\partial \theta_f}{\partial h} \\
&= -\gamma(1-\gamma) A_{cf} \theta_f (T-nt_0) A_{xf} t_0 g^{\gamma-1} x^{-\gamma} - \gamma(1-\gamma) A_{xf} (T-nt_0) g^{\gamma-1} x^{-\gamma-1}
\end{aligned}
$$

$$t_0 (A_{cf} h_f x + A_{xf} g) \frac{\partial \theta_f}{\partial h} \tag{2.9}$$

由关于 θ_f 的一阶条件

$$\gamma A_{cf} h_f x = (1-\gamma) A_{xf} g$$

即

$$A_{cf} h_f x + A_{xf} g = \frac{A_{xf} g}{\gamma}$$

代入式（2.9），得到

$$F_{nh} = -\gamma(1-\gamma)A_{cf}\theta_f(T-nt_0)A_{xf}t_0g^{\gamma-1}x^{-\gamma} - (1-\gamma)A_{xf}^2(T-nt_0)g^{\gamma}x^{-\gamma-1}t_0\frac{\partial\theta_f}{\partial h}$$

(2.10)

而此时，

$$\frac{\partial\theta_f}{\partial h} = \frac{(1-\gamma)A_{cm}T}{A_{cf}(T-nt_0)h_f^2}$$

把它代入式（2.10），得到

$$F_{nh} = -\gamma(1-\gamma)A_{cf}\theta_f(T-nt_0)A_{xf}t_0g^{\gamma-1}x^{-\gamma} - (1-\gamma)^2A_{cm}TA_{xf}^2g^{\gamma}x^{-\gamma-1}t_0\frac{1}{A_{cf}h_f^2}$$

$$= -(1-\gamma)t_0A_{xf}g^{\gamma-1}x^{-\gamma-1}\left[\gamma xA_{cf}\theta_f(T-nt_0) + (1-\gamma)\frac{A_{xf}A_{cm}T}{A_{cf}h_f^2}\right] < 0$$

最后计算 F_{nn}。

a）当 $h < \bar{h}_m + \underline{h}$，且 $\theta_f = 0$ 时，

$$F_n = -(1-\gamma)A_{xf}t_0g^{\gamma}x^{-\gamma}$$

而

$$F_{nn} = -\gamma(1-\gamma)A_{xf}^2t_0^2g^{\gamma}x^{-\gamma-1} < 0$$

b）当 $h < \bar{h}_m + \underline{h}$，但 $\theta_f > 0$ 时，

$$F_n = -\gamma A_{cf}t_0h_f\theta_fg^{\gamma-1}x^{1-\gamma} - (1-\gamma)(1-\theta_f)A_{xf}t_0g^{\gamma}x^{-\gamma}$$

$$= -\theta_ft_0g^{\gamma-1}x^{-\gamma}\left[\gamma A_{cf}h_fx - (1-\gamma)A_{xf}g\right] - (1-\gamma)A_{xf}t_0g^{\gamma}x^{-\gamma}$$

$$= -(1-\gamma)A_{xf}t_0g^{\gamma}x^{-\gamma}$$

而

$$F_{nn} = \gamma(1-\gamma)A_{cf}A_{xf}t_0^2\theta_f h_f g^{\gamma-1}x^{-\gamma} - \gamma(1-\gamma)A_{xf}^2 t_0^2(1-\theta_f)g^\gamma x^{-\gamma-1} -$$

$$\gamma(1-\gamma)A_{cf}A_{xf}h_f t_0(T-nt_0)g^{\gamma-1}x^{-\gamma}\frac{\partial\theta_f}{\partial n} -$$

$$\gamma(1-\gamma)A_{xf}^2 t_0(T-nt_0)g^\gamma x^{-\gamma-1}\frac{\partial\theta_f}{\partial n}$$

$$= \gamma(1-\gamma)A_{xf}t_0^2 g^{\gamma-1}x^{-\gamma-1}\theta_f(h_f A_{cf}x + A_{xf}g) - \gamma(1-\gamma)$$

$$A_{xf}t_0(T-nt_0)g^{\gamma-1}x^{-\gamma-1}(A_{cf}h_f x + A_{xf}g)\frac{\partial\theta_f}{\partial n} - \gamma(1-\gamma)A_{xf}^2 t_0^2 g^\gamma x^{-\gamma-1}$$

由关于 θ_f 的一阶条件

$$\gamma A_{cf}h_f x = (1-\gamma)A_{xf}g$$

得到

$$A_{cf}h_f x + A_{xf}g = \frac{1}{\gamma}A_{xf}g$$

因而

$$F_{nn} = (1-\gamma)A_{xf}^2 t_0^2\theta_f g^\gamma x^{-\gamma-1} - \gamma(1-\gamma)A_{xf}^2 t_0^2 g^\gamma x^{-\gamma-1}$$

$$- (1-\gamma)A_{xf}^2 t_0(T-nt_0)g^\gamma x^{-\gamma-1}\frac{\partial\theta_f}{\partial n} \qquad (2.11)$$

由

$$\theta_f = \gamma - \frac{(1-\gamma)A_{cm}h_m T}{A_{cf}h_f(T-nt_0)}$$

可得

$$\frac{\partial\theta_f}{\partial n} = -\frac{(1-\gamma)A_{cm}h_m Tt_0}{A_{cf}h_f(T-nt_0)^2}$$

87

代入式 (2.11),

$$F_{nn} = (1-\gamma)A_{xf}^2 t_0^2 \theta_f g^\gamma x^{-\gamma-1} - \gamma(1-\gamma)A_{xf}^2 t_0^2 g^\gamma x^{-\gamma-1} +$$

$$(1-\gamma)^2 A_{xf}^2 t_0^2 g^\gamma x^{-\gamma-1} \frac{A_{cm} h_m T}{A_{cf} h_f (T-nt_0)}$$

$$= \gamma(1-\gamma)A_{xf}^2 t_0^2 g^{\gamma-1} x^{-\gamma-1}\theta_f + (1-\gamma)A_{xf}^2 t_0^2 g^\gamma x^{-\gamma-1}\left[\frac{(1-\gamma)A_{cm} h_m T}{A_{cf} h_f (T-nt_0)} - \gamma\right]$$

$$= \gamma(1-\gamma)A_{xf}^2 t_0^2 g^{\gamma-1} x^{-\gamma-1}\theta_f - (1-\gamma)A_{xf}^2 t_0^2 g^\gamma x^{-\gamma-1}\theta_f$$

$$= 0$$

c) 当 $h > \bar{h}_m + \underline{h}$, $\theta_f = 0$ 时,

$$F_n = -(1-\gamma)A_{xf} t_0 g^\gamma x^{-\gamma}$$

且

$$F_{nn} = -\gamma(1-\gamma)A_{xf}^2 t_0^2 g^\gamma x^{-\gamma-1} < 0$$

d) 当 $h > \bar{h}_m + \underline{h}$, $\theta_f > 0$ 时,

$$F_n = -\gamma A_{cf} t_0 h_f \theta_f g^{\gamma-1} x^{1-\gamma} - (1-\gamma)(1-\theta_f)A_{xf} t_0 g^\gamma x^{-\gamma}$$

$$= -\theta_f t_0 g^{\gamma-1} x^{-\gamma}\left[\gamma A_{cf} h_f x - (1-\gamma)A_{xf} g\right] - (1-\gamma)A_{xf} t_0 g^\gamma x^{-\gamma}$$

$$= -(1-\gamma)A_{xf} t_0 g^\gamma x^{-\gamma}$$

而

$$F_{nn} = \gamma(1-\gamma)A_{cf}A_{xf} t_0^2 \theta_f h_f g^{\gamma-1} x^{-\gamma} - \gamma(1-\gamma)A_{xf}^2 t_0^2 (1-\theta_f) g^\gamma x^{-\gamma-1} -$$

$$\gamma(1-\gamma)A_{cf}A_{xf} h_f t_0 (T-nt_0) g^{\gamma-1} x^{-\gamma} \frac{\partial\theta_f}{\partial n} -$$

$$\gamma(1-\gamma)A_{xf}^2 t_0 (T-nt_0) g^\gamma x^{-\gamma-1} \frac{\partial\theta_f}{\partial n}$$

$$= \gamma(1-\gamma)A_{xf} t_0^2 g^{\gamma-1} x^{-\gamma-1}\theta_f (h_f A_{cf} x + A_{xf} g) -$$

$$\gamma(1-\gamma)A_{xf}t_0(T-nt_0)g^{\gamma-1}x^{-\gamma-1}(A_{cf}h_fx+A_{xf}g)\frac{\partial\theta_f}{\partial n}-$$

$$\gamma(1-\gamma)A_{xf}^2t_0^2g^{\gamma}x^{-\gamma-1}$$

由关于 θ_f 的一阶条件

$$\gamma A_{cf}h_fx=(1-\gamma)A_{xf}g$$

得到

$$A_{cf}h_fx+A_{xf}g=\frac{1}{\gamma}A_{xf}g$$

因而

$$F_{nn}=(1-\gamma)A_{xf}^2t_0^2\theta_fg^{\gamma}x^{-\gamma-1}-\gamma(1-\gamma)A_{xf}^2t_0^2g^{\gamma}x^{-\gamma-1}-$$

$$(1-\gamma)A_{xf}^2t_0(T-nt_0)g^{\gamma}x^{-\gamma-1}\frac{\partial\theta_f}{\partial n}\qquad(2.12)$$

由

$$\theta_f=\gamma-\frac{(1-\gamma)A_{cm}h_mT}{A_{cf}h_f(T-nt_0)}$$

可得

$$\frac{\partial\theta_f}{\partial n}=-\frac{(1-\gamma)A_{cm}h_mTt_0}{A_{cf}h_f(T-nt_0)^2}$$

代入式 (2.12),

$$F_{nn}=(1-\gamma)A_{xf}^2t_0^2\theta_fg^{\gamma}x^{-\gamma-1}-\gamma(1-\gamma)A_{xf}^2t_0^2g^{\gamma}x^{-\gamma-1}+(1-\gamma)^2A_{xf}^2t_0^2g^{\gamma}x^{-\gamma-1}\frac{A_{cm}h_mT}{A_{cf}h_f(T-nt_0)}$$

$$=(1-\gamma)A_{xf}^2t_0^2g^{\gamma-1}x^{-\gamma-1}\theta_f+(1-\gamma)A_{xf}^2t_0^2g^{\gamma}x^{-\gamma-1}\left[\frac{(1-\gamma)A_{cm}h_mT}{A_{cf}h_f(T-nt_0)}-\gamma\right]$$

$$=(1-\gamma)A_{xf}^2t_0^2g^{\gamma-1}x^{-\gamma-1}\theta_f-(1-\gamma)A_{xf}^2t_0^2g^{\gamma}x^{-\gamma-1}\theta_f=0$$

下面证明（3）成立：

当 $\bar{h}_m + \underline{h} > h \geqslant \dfrac{\underline{h}}{1-\gamma}$ 时，由假设 2，

$$h_m \geqslant \frac{\underline{h}}{1-\gamma} - \underline{h} = \frac{\gamma \underline{h}}{1-\gamma}$$

$$h_f = \underline{h}$$

由定理 2.1，

$$n_0^2(h) \leqslant \frac{T}{t_0} \Big[1 - \frac{(1-\gamma) A_{cm} \dfrac{\gamma \underline{h}}{1-\gamma}}{\gamma A_{cf} \underline{h}} \Big] = 0$$

同理，当 $\bar{h}_m + \underline{h} < h \leqslant \dfrac{\bar{h}_m}{\gamma}$ 时，由假设 2，

$$h_m = \bar{h}_m,$$

$$h_f \leqslant \frac{\bar{h}_m}{\gamma} - \bar{h}_m = \frac{(1-\gamma) \bar{h}_m}{\gamma}$$

因而，由定理 2.1，

$$n_0^2(h) \leqslant \frac{T}{t_0} \Big[1 - \frac{A_{cm} \bar{h}_m}{h_m A_{cf}} \Big] = 0$$

因为最佳出生率 $n \geqslant 0$，所以

$$n \geqslant n_0^2(h)$$

由定理 2.1，当人力资本的初始值 h 在这些区间内的话，都有

$$\theta_m = 1, \theta_f = 0$$

成立，由定理 2.2 的（2），可以得到 F 的二阶偏导数都存在。Q. E. D.

第三章　家庭内男女分工的动态模型

在这一章中，我们给出男女分工的动态模型。在动态模型中，家庭消费最终商品，得到即时效用，又为后代的每个家庭投资 h_1 的人力资本，而且父母对于后代子女有着爱，把后代的效用以 $\beta(n)$ 的比例，加到自己的效用上加大了父母的效用。我们的这一部分主要使用 Barro 和 Becker（1989），Benhabib 和 Nishimura（1989）的模型。我们以他们的模型为基础，在生产方面加入了男女分工的生产函数，在生产函数中，产量是出生率的递减函数，为了体现父母对于子女的爱，笔者在父母的效用函数中加入了父母由于子女成长而产生的快乐 $\mu(n)$。这样，对于父母的即时效用来说，出生率带给父母的并不只是负面影响。在本章对笔者的原有论文和模型进行了大量的修改和改善。

第一节　动态模型的构成

我们考虑以下家庭效用最大化的动态模型

$$\max_{\{(h_{t+1}, n_t)\}} \sum_{t=1}^{\infty} \Pi_{\tau=1}^{t-1} \beta(n_\tau) \{ u[F(h_t, n_t) - n_t(h_{t+1} + b_0)] + \mu(n_t) \} \quad （\text{I}）$$

其中，$\beta(n_{-1}) = 1$，h_0 给定，b_0 为抚养每个孩子的固定成本，假设 $u'(c) > 0, u''(c) < 0$，而且当 $c \to 0$ 时，$u'(c) \to \infty$。这些都是新古典派模型

中的基本假设。对于 $\mu(n)$，假设 $\mu(n) \geqslant 0$，$\mu'(n) \geqslant 0$ 和 $\mu''(n) \leqslant 0$。

对于动态模型，我们有以下假定（在前一章的两个假设的基础上）。

假设 3. $0 \leqslant \beta(n) \leqslant 1$，$\beta(0) = 0$，$\beta'(n) > 0$，$\beta''(n) < 0$，另外，$\lim\limits_{n \to 0} \dfrac{n}{\beta(n)} = 0$。

在这里，由 $\beta''(n) < 0$，$\beta(0) = 0$ 的假设，可以推出 $\dfrac{n\beta'(n)}{\beta(n)} < 1$ 的结果。这是因为，由 $\beta(n)$ 是凹函数，则 $\beta(n) = \beta(n) - \beta(0) > \beta'(n)n$，因而得到 $\dfrac{n\beta'(n)}{\beta(n)} < 1$ 的结果。由上面关于函数 $\beta(n)$ 的假设，应该有

$\dfrac{n\beta'(n)}{\beta(n)} > 0$，因而 $0 < \dfrac{n\beta'(n)}{\beta(n)} < 1$。

第二节　最佳路径的存在性

为了证明问题（I）的最佳解的存在性，考虑与问题（I）有相同解的 Bellman 方程：

$$V(h) = \max_{(h_1,n) \in \Gamma(h)} \{u[F(h,n) - n(h_1 + b_0)] + \mu(n) + \beta(n)V(h_1)\} \quad (\text{II})$$

考虑以下集合：

$$\Gamma(h) \equiv \{(h_1,n) : n(h_1 + b_0) \leqslant F(h,n); 2\underline{h} \leqslant h_1 \leqslant \bar{h}_m + \bar{h}_f; 0 \leqslant n \leqslant \frac{T}{t_0}\}$$

$$(3.1)$$

$$G(h) \equiv \{(h_1, n) : u[F(h, n) - n(h_1 + b_0)] + \mu(n) +$$
$$\beta(n)V(h_1) \geqslant u[F(h, n') - n'(h_1' + b_0)] +$$

$$\mu\ (n')\ +\beta\ (n')\ V\ (h_1'),\ (h_1',\ n')\ \in \Gamma\ (h)\}$$

$$H\ (h)\ \equiv\ \{h_1:\ (h_1,\ n)\ \in G\ (h)\}$$

$$N\ (h)\ \equiv\ \{n:\ (h_1,\ n)\ \in G\ (h)\}$$

在证明以下定理之前，首先给出对应和上半连续，下半连续的定义及不动点定理。对应是一个数对应一个点集的映射。也就是值并不是一个数，而是一个数的集合。以下给出关于对应的连续性质的定义。

定义 3.1　值是紧集的对应 $\Gamma: X \rightarrow Y$ 在点 x 是上半连续的（upper himi - continuous，简记为 u. h. c.），若 $\Gamma\ (x)$ 非空，且对每个序列 $\{x_n\}$, $x_n \rightarrow x$ 和每个序列 $\{y_n\}$，其中，$y_n \in \Gamma\ (x_n)$，存在 $\{y_n\}$ 的子序列 $\{x_{n_k}\}$，使得 $\lim\limits_{n_k \rightarrow \infty} x_{n_k} = x$，且 $x \in \Gamma(x)$。

定义 3.2　对应 $\Gamma: X \rightarrow Y$ 在点 x 是下半连续的（lower himi - continuous，简记为 l. h. c.），若 $\Gamma\ (x)$ 非空，且对每个序列 $\{x_n\}$, $x_n \rightarrow x$ 及每个 $y \in \Gamma(x)$，都存在 $N \geqslant 1$ 及序列 $\{y_n\}_{n=N}^{\infty}$, $y_n \rightarrow y$ 且当 $n > N$ 时，有 $y_n \in \Gamma(x_n)$。

定义 3.3　对应 $\Gamma: X \rightarrow Y$ 在点 x 是连续的，若它在点 x 既是上半连续的又是下半连续的。

连续性定理　若对应 $\Gamma: X \rightarrow Y$ 是单值的，且是上半连续的，则它是连续的。

最大值定理　令 $X \subseteq R^l$, $Y \subseteq R^m$，令 $f: X \times Y \rightarrow R$ 是一个连续函数，$\Gamma: X \rightarrow Y$ 是每个值都为紧集的连续对应。则函数 $h: X \rightarrow R$ 定义为

$$h(x) = \max\limits_{y \in \Gamma(x)} f(x,y)$$

是连续函数，而且对应 $G: X \rightarrow Y$ 定义为

$$G(x) = \{y \in \Gamma(x) : f(x,y) = h(x)\}$$

是非空的，紧集值的，且为上半连续的。

压缩映射定理 若 (S, P) 是一个完全度量空间，$T: S \rightarrow S$ 是一个压缩映射，则 T 在 S 中存在唯一一个不动点 V，即 $TV = V$。设 $X \subseteq R^n$ 为凸紧集。$f: X \rightarrow X$ 为连续函数，则存在不动点，即存在 $x_0 \in X$，使得 $f(x_0) = x_0$ 成立。

角谷不动点定理 令 $S \subset R^n$ 是一个紧凸集。令 $C: S \rightarrow S$ 为一个上半连续对应，且其值为凸集。则存在 $x^* \in S$ 使得 $x^* \in C(x^*)$。

定理 3.1 在第二章的假设 2 的假定下，问题（Ⅱ）的解 $V(h)$ 存在。值函数 $V(h)$ 为有界连续函数。由 $V(h)$ 而定义的对应 $G(h)$，$H(h)$ 与 $N(h)$ 为关于 h 的上半连续对应。

证明：（1）对应 $\Gamma(h)$ 是连续对应。

首先，证明 $\Gamma(h)$ 上半连续的。集合 $\Gamma(h)$ 非空是显然的。下面证明 $\Gamma(h)$ 是紧集。首先证明 $\Gamma(h)$ 是闭集。设 $(h_1^v, n^v) \in \Gamma(h)$，而且 $\lim\limits_{v \to \infty}(h_1^v, n^v) = (h_1^0, n^0)$，现在证明 $(h_1^0, n^0) \in \Gamma(h)$。由 $\Gamma(h)$ 的定义，$2\underline{h} \leq h_1^v \leq \bar{h}_m + \bar{h}_f$；$0 \leq n^v \leq \dfrac{T}{t_0}$。由 $\lim\limits_{v \to \infty} h_1^v = h_1^0$，由极限的保号定理，可以得到 $2\underline{h} \leq h_1^0 \leq \bar{h}_m + \bar{h}_f$。同理可证，$0 \leq n^0 \leq \dfrac{T}{t_0}$ 成立。又由 $\Gamma(h)$ 的定义，$n^v(h_1^v + b_0) \leq F(h, n^v)$，由 F 的连续性，两边关于 $v \to \infty$ 取极限，可以得到 $n^0(h_1^0 + b_0) \leq F(h, n^0)$ 成立。由 $\Gamma(h)$ 的定义，$(h_1^v, n^v) \in \Gamma(h)$。

下面证明对任意的点列 $h^v \to h$ 与任意点列 $(h_1^v, n^v) \subset \Gamma(h^v)$，存在子序列收敛于 $\Gamma(h^0)$ 中的点。由于 $\{h_1^v\}$ 为有界点列，存在收敛子列 $\{h_1^{v_i}\}$，设 $h_1^{v_i} \to h_1^0$。对于 $\{n^{v_i}\}$，由于它也是有界点列，存在收敛子列 $\{h_1^{v_k}\}$，设 $h_1^{v_k} \to h_1^0$。因此 $(h_1^{v_k}, n^{v_k}) \to (h_1^0, n^0)$。最后，证明 $(h_1^0, n^0) \in \Gamma$

(h_1^0)。由于$(h_1^{v_{k_i}}, n^{v_{k_i}}) \in \Gamma(h^{v_{k_i}})$，应有$2\underline{h} \leq h_1^{v_{k_i}} \leq \bar{h}_m + \bar{h}_f$，$0 \leq n^{v_{k_i}} \leq \dfrac{T}{t_0}$成

立，由上面所证，也有$2\underline{h} \leq h_1^0 \leq \bar{h}_m + \bar{h}_f$，$0 \leq n^0 \leq \dfrac{T}{t_0}$成立。由于

$$n^{v_{k_l}}(h_1^{v_{k_l}} + b_0) \leq F(h^{v_{k_l}}, n^{v_{k_l}})$$

两边关于$v_{k_l} \to \infty$，取极限，有F的连续性得到

$$n^0(h_1^0 + b_0) \leq F(h^0, n^0)$$

由$\Gamma(h^0)$的定义，可知$(h_1^0, n^0) \in \Gamma(h^0)$。

接着，证明$\Gamma(h)$是下半连续的。设$h^v \to h$及任意$(h_1, n) \in \Gamma(h)$，证明存在$N > 0$和点列$\{(h_1^v, n^v)\}$使得$\lim\limits_{v \to \infty}(h_1^v, n^v) = (h_1, n)$，且当$v > N, \{(h_1^v, n^v)\} \subset \Gamma(h^v)$。首先，假设$n(h_1 + b_0) < F(h, n)$。由$F$是连续函数和连续函数的保号定理，应有

$$n(h_1 + b_0) < F(h^v, n)$$

同时有$2\underline{h} \leq h_1 \leq \bar{h}_m + \bar{h}_f$，$0 \leq n \leq \dfrac{T}{t_0}$。

由$\Gamma(h^v)$的定义，$(h_1, n) \in \Gamma(h^v)$。

接着，假设$n(h_1 + b_0) = F(h, n)$。在这一假设下，我们只需考虑$n > 0$的情况。因为，当$n = 0$时，由于$F(h, 0) \neq 0$，上面的等式不成立。

①考虑$h_1 > 2\underline{h}$的情况。对于充分大的v，若令$h_1^v = \dfrac{F(h^v, n)}{n} - b_0$，由$h_1 = \dfrac{F(h, n)}{n} - b_0 > 2\underline{h}$和极限的强保号定理，应有$h_1^v = \dfrac{F(h^v, n)}{n} - b_0 > 2\underline{h}$。这时，令$(h_1^v, n^v) = (\dfrac{F(h^v, n)}{n} - b_0, n)$即可。

95

②若 $h_1 = \dfrac{F(h,n)}{n} - b_0 = 2\underline{h}$ 的话，对于足够大的 v，取 $n^v = n -$

$\dfrac{1}{v}$。由于 $F_n < 0$，所以

$$\frac{F(h,n^v)}{n^v} - b_0 > \frac{F(h,n)}{n} - b_0$$

因而，

$$n^v(h_1 + b_0) < F(h,n^v)$$

令 $(h_1^v, n^v) = (h_1, n - \dfrac{1}{v})$。

由于 $h_1 = 2\underline{h}$，且由 $0 < n \leqslant \dfrac{T}{t_0}$，当 v 充分大，也有 $0 < n^v = n - \dfrac{1}{v} <$

$\dfrac{T}{t_0}$ 成立。由 $\Gamma(h^v)$ 的定义，当 v 充分大时，$(h_1^v, n^v) \in \Gamma(h^v)$。由下半连续的定义，$\Gamma(h)$ 关于 h 是下半连续的。由于 $\Gamma(h)$ 既为上半连续的对应，又是下半连续的，由 X 是紧集，所以 Ff 是有界函数。因而 $\Gamma(h)$ 关于 h 是连续的。

（2）定义以下映射：

$$Tf(h) = \max_{(h_1,n) \in \Gamma(h)} u\big[F(h,n) - n(h_1 + b_0)\big] + \mu(n) + \beta(n)f(h_1)$$

下面证明 T：$B(X) \to B(X)$ 为连续有界函数集合上的紧缩映射，其中 $B(X)$ 代表集合 X 上的连续有界函数全体组成的集合，而在我们的模型中，$X = [2\underline{h}, \bar{h}_m + \bar{h}_f]$。因而，$B(X)$ 表示由 X 上的连续函数组成的距离空间。对于任意 $f \in B(X)$，f 是 X 上的连续函数。而由于 u，β 都是连续的，所以 $u\big[F(h,n) - n(h_1 + b_0)\big] + \mu(n) + \beta(n)f(h_1)$ 关于 (h,h_1,n) 是连续的。由最大定理，$\max\limits_{(h_1,n) \in \Gamma(h)} u\big[F(h,n) - n(h_1 + b_0)\big] + \mu(n) + \beta(n)f(h_1)$ 关

于 h 是连续的，即 $Tf(h)$ 关于 h 是连续的，由 X 是紧集，所以 Tf 是有界函数，因而，$Tf \in B(X)$。

下面要证明 T 为紧缩映射。首先，说明一下何为紧缩映射。在说明这一问题之前，首先说明 $B(X)$ 怎样成为度量空间。我们首先定义范数。我们把

$$\| f \| = \sup_{x \in X} \{ f(x) \}$$

叫做 f 的范数。由于 $B(X)$ 为 X 上的有界函数的集合，所以上面的定义是有意义的。紧缩映射是 $B(X)$ 上这样的映射：$\| Tf \| < \| f \|$。

要证明 T 是 $B(X)$ 上的紧缩映射，要使用 Blackwell 定理。下面介绍这一定理。

Blackwell 定理　　（1）若对于任意 $f \in B(X)$，$T(f + a)(x) \leqslant Tf(x) + \delta a$，$\delta < 1$，$a$ 为常数映射。

（2）对任意 f，$g \in B(X)$，若对任意 $x \in X$，$f(x) \leqslant g(x)$，都有 $Tf(x) \leqslant Tg(x)$，对任意 $x \in X$ 成立，则 T：$B(X) \rightarrow B(X)$ 为 $B(X)$ 上的紧缩映射。

现在，我们要使用 Blackwell 定理来证明 T 是 $B(X)$ 上的紧缩映射。由 T 的定义，

$$
\begin{aligned}
T(f + a)(h) &= \max_{(h_1, n) \in \Gamma(h)} u[F(h, n) - n(h_1 + b_0)] + \mu(n) + \beta(n)(f + a)(h_1) \\
&= \max_{(h_1, n) \in \Gamma(h)} u[F(h, n) - n(h_1 + b_0)] + \mu(n) + \beta(n)f(h_1) + \beta(n)a \\
&\leqslant \max_{(h_1, n) \in \Gamma(h)} u[F(h, n) - n(h_1 + b_0)] + \mu(n) + \beta(n)f(h_1) + \delta a
\end{aligned}
$$

在这里，$\delta = \beta(\dfrac{T}{t_0}) < 1$。

关于条件（2），由于

$$u[F(h,n) - n(h_1 + b_0)] + \mu(n) + \beta(n)f(h_1) \leq u[F(h,n) - n(h_1 + b_0)] +$$
$$\mu(n) + \beta(n)g(h_1)$$

对于任意 $(h_1, n) \in \Gamma(h)$ 都成立，因而

$$\max_{(h_1,n) \in \Gamma(h)} u[F(h,n) - n(h_1 + b_0)] + \mu(n) + \beta(n)f(h_1) \leq$$
$$\max_{(h_1,n) \in \Gamma(h)} u[F(h,n) - n(h_1 + b_0)] + \mu(n) + \beta(n)g(h_1)$$

也成立。因而 Blackwell 定理的条件被满足，由 Blackwell 定理，T 为紧缩映射。由压缩映射定理，存在唯一的 $V \in B(X)$，使得 $TV = V$ 成立。由最大定理，$G(h)$ 为上半连续对应，因而，$H(h)$ 与 $N(h)$ 都是上半连续对应。Q. E. D.

以上证明了存在有界连续函数 $V \in B(X)$，使得

$$V(h) = \max_{(h_1,n) \in \Gamma(h)} u[F(h,n) - n(h_1 + b_0)] + \mu(n) + \beta(n)V(h_1)$$

成立。

由 Stoky, Lucas (1989)，得到 $V(h)$ 实际上就是问题（I）的最大值函数。即

$$V(h) = \max_{\{(h_{t+1}, n_t)\}} \sum_{t=1}^{\infty} \Pi_{\tau=1}^{t-1} \beta(n_\tau) \{u[F(h_t, n_t) - n_t(h_{t+1} + b_0)] + \mu(n_t)\}$$

其中，h 为给定的问题（I）的初始值。而 $G(h)$ 为从 h 出发的最佳解的集合，如果 $G(h)$ 中不止一个点的话，则最佳路径就有多数个。

第三节　最佳路径的内部性

为了保证最佳路径是内部解，我们给出以下假设。

假设 4. $u'[F(\bar{h}_m + \underline{h}, n_0^1)] F_n(2\underline{h}, n_0^1) + \mu'(n_0^1) + \beta'(n_0^1) V$

$(\dfrac{F(\bar{h}_m + \underline{h}, n_0^1)}{n_0^1}) < 0 (n_0^1 = \dfrac{T}{t_0}[1 - \dfrac{(1 - \gamma)A_{xm}}{\gamma A_{xf}}])_{\circ}$

假设 5. $F_h(2\underline{h},\ n_0^1) > \dfrac{n_0^1}{\beta(n_0^1)}$ 成立。

定理 3.2　在假设 4 下，最佳出生率 $0 < n \leqslant n_0^1$。

证明：很明显 $n > 0$。现在只证明 $n \leqslant n_0^1$ 的部分。若 $n > n_0^1$ 的话，由第二章命题 2.1，$\theta_m < 1$。下面分不同的情况来证明。

（1）$h \geqslant \bar{h}_m + \underline{h}$。假设 $h' > h$。证明若 $(h_1, n') \notin G(h)$，$n' \geqslant n_0^1$，则 $(h_1^{'}, n') \notin G(h')$ 也成立，这里，$(h_1, n') \in \Gamma(h)$，$(h_1^{'}, n') \in \Gamma(h')$。

对于任意的 $h_1^{''}$，对任意 $n' \geqslant n_0^1$ 且 $(h_1^{''},\ n')\in \Gamma(h)$，却有 $(h_1^{''}, n') \notin G(h)$ 的话，则存在 $n < n_0^1$，h_1，使得 $(n,\ h_1)\in G(h)$

$u[F(h,n) - n(h_1 + b_0)] + \mu(n) + \beta(n)V(h_1)$

$> \max\limits_{(h_1^{''},n')\in\Gamma(h)} u[F(h,n') - n'(h_1^{''} + b_0)] + \mu(n') + \beta(n')V(h_1^{''}), n' \geqslant n_0^1$

由命题 2.1，当 $n' > n_0^1$ 时，女性并不参加市场商品的生产，而且男性的人力资本当 $h > \bar{h}_m + \underline{h}$ 时，无论 h 的大小，都为 $\bar{h}_m$。因此，$F(h', n') = F(h, n')$。但当 $n \leqslant n_0^1$ 时却有可能使 $F(h', n') > F(h, n')$。我们有

$u[F(h',n) - n(h_1 + b_0)] + \mu(n) + \beta(n)V(h_1)$

$\geqslant u[F(h,n) - n(h_1 + b_0)] + \mu(n) + \beta(n)V(h_1)$

$> \max\limits_{(h_1^{''},n')\in\Gamma(h), n' \geqslant n_0^1} u[F(h,n') - n'(h_1^{''} + b_0)] + \mu(n') + \beta(n')V(h_1^{''})$

$= \max\limits_{(h_1^{''},n')\in\Gamma(h'), n' \geqslant n_0^1} u[F(h',n') - n'(h_1^{''} + b_0)] + \mu(n') + \beta(n')V(h_1^{''})$

其中，第一个不等式是因为 $n < n_0^1$，应有 $F(h', n) \geqslant F(h, n)$，而最后一个等式是因为 $n' > n_0^1$ 时，$F(h', n') = F(h, n')$。因为 $n < n_0^1$，所以

$F(h,n) > F(h,n')$ 及 $F(h',n) > F(h',n')$ 成立。又由于 $(h_1,n') \in \Gamma(h)$，所以 $F(h,n') - n'(h_1 + b_0) \geq 0$ 成立，因而也有 $F(h,n) - n(h_1 + b_0) \geq 0$ 成立，因为 $F(h,n) > F(h,n')$，$n(h_1 + b_0) < n'(h_1 + b_0)$。即 $(h_1,n) \in \Gamma(h)$，同理，$(h_1,n) \in \Gamma(h')$。由此得出，最佳出生率一定小于 n_0^1。

（2）当 $h < \bar{h}_m + \underline{h}$ 时，令

$$R(h,n) \equiv u'[F(\bar{h}_m + \underline{h},n)]F_n(2\underline{h},n) + \mu'(n) + \beta'(n)V[\frac{F(h,n)}{n}]$$

和

$$w(h,h_1,n) \equiv u[F(h,n) - n(h_1 + b_0)] + u(n) + \beta(n)V(h_1)$$

首先，考虑 $R(h,n)$ 关于 n 的变化，考虑

$$u''[F(\bar{h}_m + \underline{h},n)]F_n(\bar{h}_m + \underline{h},n)F_n(2\underline{h},n) + u'F_{nn}(2\underline{h},n) +$$
$$\mu''(n) + \beta''V[\frac{F(h,n)}{n}] \tag{3.2}$$

由 $F_n < 0$，$F_{nn} \leq 0$ 得到第一、二项为负或非正，由 $\beta'' < 0$ 得到第三项非正，这样式（3.2）为负。

其次，再看 $V[\frac{F(h,n)}{n}]$，关于 n 的变化。$V(h_1)$ 关于 h_1 是递增的，为分析关于 $\frac{F(h,n)}{n}$ 关于 n 的变化，对 $\frac{F(h,n)}{n}$ 关于 n 求偏导，得到

$$\frac{nF_n(h,n) - F(h,n)}{n^2}$$

由于 $F(h,n)$ 关于 n 是凹的，因而

$$F(h,n) > (n-0)F_n(h,0)$$

成立。又由于 $F_{nn} \leq 0$，可以得到

$$F_n(h,n) \leqslant F_n(h,0)$$

所以

$$F(h,n) > nF_n(h,n)$$

成立。这样，

$$\frac{nF_n(h,n) - F(h,n)}{n^2} < 0$$

因而，$V\left[\dfrac{F(h,n)}{n}\right]$ 关于 n 是递减的。

综合以上证明，可以清楚地看到 $R(h,n)$ 关于 n 是递减的。

所以，由 $n > n_0^1$，可以得到

$$R(\bar{h}_m + \underline{h}, n) < R(\bar{h}_m + \underline{h}, n_0^1)$$

由 $R(h,n)$ 关于 h 是递增的，因而，

$$R(h,n) < R(\bar{h}_m + \underline{h}, n) < R(\bar{h}_m + \underline{h}, n_0^1)$$

成立。由假设 4，

$$R(\bar{h}_m + \underline{h}, n_0^1) < 0$$

因而有

$$R(h,n) < 0$$

当 $h < \bar{h}_m + \underline{h}$，$n > n_0^1$ 时成立。

假设最佳出生率 $n > n_0^1$。如果 $n(2\underline{h} + b_0) > F(h,n)$ 的话，则生 n 个孩子就是不可能的。以下只考虑使得

$$F(h,n) > n(2\underline{h} + b_0)$$

的那些 h 的值。由于效用函数是凹函数，因而，

$$u'[F(h,n) - n(h_1 + b_0)] > u'[F(\bar{h}_m + \underline{h}, n) - n(h_1 + b_0)]$$
$$> u'[F(\bar{h}_m + \underline{h}, n)]$$

又由于

$$F_{hn} < 0$$

因而

$$F_n(h,n) < F_n(2\underline{h}, n)$$

对任意 $(h_1, n) \in G(h)$,

$$u'[F(h,n) - n(h_1 + b_0)]$$
$$[F_n(h,n) - (h_1 + b_0)] + \mu'(n) + \beta'(n)V(h_1) \leqslant R(\bar{h}_m + \underline{h}, n)$$

这是因为

$$u'[F(h,n) - n(h_1 + b_0)][F_n(h,n) - (h_1 + b_0)] < u'[F(\bar{h}_m + \underline{h}, n)]$$
$$[F_n(h,n) - (h_1 + b_0)] < u'[F(\bar{h}_m + \underline{h}, n)]F_n(2\underline{h}, n)$$

而且，由于

$$h_1 < \frac{F(h,n)}{n} - b_0 < \frac{F(h,n)}{n}$$

而 V 关于 h_1 是递增的，因此，

$$\beta'(n)V(h_1) < \beta'(n)V(\frac{F(h,n)}{n})$$

合起来看，我们就得到

$$u'[F(h,n) - n(h_1 + b_0)][F_n(h,n) - (h_1 + b_0)] + \mu'(n)$$

$$+\beta'(n)V(h_1) \leqslant R(\bar{h}_m + \underline{h}, n) < 0$$

那么，就得到 $n > n_0^1$ 并不是最佳出生率，因为，对 $n' < n$，且充分接近 n，应有

$$u[F(h,n') - n'(h_1 + b_0)] + \mu(n') + \beta(n')V(h_1) - u[F(h,n) - n(h_1 + b_0)] -$$
$$\mu(n) - \beta(n)V(h_1) = \{u'[F(h,n_\theta) - n_\theta(h_1 + b_0)]$$
$$[F_n(h,n_\theta) - (h_1 + b_0)] + \mu'(n_\theta) + \beta'(n_\theta)V(h_1)\}(n' - n) \quad (3.3)$$

由于

$$u'[F(h,n_\theta) - n_\theta(h_1 + b_0)][F_n(h,n_\theta) - (h_1 + b_0)] + u'(n_\theta) + \beta'(n_\theta)V(h_1)$$
$$< u'[F(h,n_\theta) - n_\theta(h_1 + b_0)]F_n(h,n_\theta) + \mu'(n_\theta) + \beta'(n_\theta)V(h_1)$$
$$< u'[F(\bar{h}_m + \underline{h}, n_\theta)]F_n(2\underline{h}, n_\theta) + \mu'(n_\theta) + \beta'(n_\theta)V(\frac{F(h,n_\theta)}{n_\theta})$$
$$= R(h, n_\theta)$$

其中，$n_\theta = \theta n' + (1-\theta)n, -\theta < \theta < 1$。当 θ 充分小时，由于 $R(h, n_\theta)$ 关于 n 是连续的及 $R(h,n) < 0$，得到 $R(h, n_\theta) < 0$。

式 (3.3) 得到

$$u[F(h,n') - n'(h_1 + b_0)] + \mu(n') + \beta(n')V(h_1) - u[F(h,n) -$$
$$n(h_1 + b_0)] - \mu(n) - \beta(n)V(h_1) >$$
$$R(h, n_\theta)(n' - n) > 0$$

因而，

$$w(h, h_1, n_\theta) > w(h, h_1, n)$$

所以，对任意 $n > n_0^1$，对任意使得 $(h_1, n) \in \Gamma(h)$ 的 h_1，都有上式成立，即最佳出生率不满足 $n \geqslant n_0^1$。因此，必有 $n < n_0^1$。

由 (1) 和 (2) 都得到 $n < n_0^1$。Q. E. D.

定理 3.3 在假设 5 下，存在 $h_0 > 2\underline{h}$，当 $h \geq h_0$ 时，下一期的最佳人力资本 $h_1 > 2\underline{h}$。

证明： (1) 首先证明 $\dfrac{n}{\beta(n)}$ 是关于 n 的递增函数。

首先，证明

$$\frac{n\beta'(n)}{\beta(n)} < 1$$

由 $\beta(n)$ 的假设，$\beta(0) = 0$，$\beta'(n) > 0$ 及 $\beta''(n) < 0$，考虑

$$\beta(n) = \beta(n) - \beta(0) > \beta'(n)(n - 0)$$

而第二个不等式是来自 $\beta(n)$ 的凹的性质。即

$$\frac{n\beta'(n)}{\beta(n)} < 1$$

再考虑 $\dfrac{n}{\beta(n)}$ 关于 n 的导数：

$$\frac{\beta(n) - n\beta'(n)}{\beta^2(n)} = \frac{1 - \dfrac{n\beta'(n)}{\beta(n)}}{\beta^3(n)}$$

得到上式为正。因而，$\dfrac{n}{\beta(n)}$ 关于 n 是递增的。

(2) 人力资本最佳路径的内部性。

下面，我们应用 (1) 的结果来证明人力资本的最佳路径当初始值足够大时，人力资本的最佳路径都是内部解。

a) 下面证明满足不等式

$$F_h[(2\underline{h}, n(2\underline{h})] > \frac{n}{\beta(n)} \frac{u'[F(h, n(h)) - n(h)(2\underline{h} + b_0)]}{u'[F(2\underline{h}, n(2\underline{h})) - n(2\underline{h})(2\underline{h} + b_0)]} \tag{3.4}$$

的初始值 $h > 2\underline{h}$ 的话，也有 $h_1 > 2\underline{h}$ 成立，这里，$n(h) \equiv n(h, 2\underline{h})$，为当 $h_1 = 2\underline{h}$ 时的最佳出生率。

假设在点 h 式（3.4）成立。由 u' 与 F 的连续性，存在 $\varepsilon > 0$ 使得 $-n(h)u'[F(h, n(h)) - n(h)(2\underline{h} + \varepsilon + b_0)] + \beta(n(h))u'[F(2\underline{h} + \varepsilon, n(2\underline{h}))]F_h(2\underline{h} + \varepsilon, n(2\underline{h})) > 0$。接着把人力资本路径

$$h^2 \equiv (h, 2\underline{h}, 2\underline{h}, \cdots)$$

与

$$h^1 \equiv (h, 2\underline{h} + \varepsilon, 2\underline{h}, 2\underline{h}, \cdots)$$

在出生率路径

$$(n(h), n(2\underline{h}), \cdots, n(2\underline{h}), \cdots)$$

下进行比较，得到

$$\sum_{t=1}^{\infty} \Pi_{i=0}^{t} \beta(n_i) \{ u[F(h_t^2, n_t) - n_t(h_{t+1}^2 + b_0)] + \mu(n_t) \} - \sum_{t=1}^{\infty} \Pi_{i=0}^{t} \beta(n_i)$$

$$\{ u[F(h_t^1, n_t) - n_t(h_{t+1}^1 + b_0)] + \mu(n_t) \} = u[F(h, n(h)) - n(h)(2\underline{h} + b_0)]$$

$$+ \beta(n(h))u[F(2\underline{h}, n(2\underline{h})) - n(2\underline{h})(2\underline{h} + b_0)]$$

$$- u[F(h, n(2\underline{h})) - n(h)(2\underline{h} + \varepsilon + b_0)]$$

$$- \beta(n(h))u[F(2\underline{h} + \varepsilon, n(2\underline{h})) - n(2\underline{h}(2\underline{h} + b_0)] \leqslant$$

$$\{ -n(h)u'[F(h, n(h)) - n(h)(2\underline{h} + \varepsilon + b_0)] + \beta(n(h))u' $$

$$[F(2\underline{h} + \varepsilon, n(2\underline{h})) - n(2\underline{h})(2\underline{h} + b_0)]F_h[2\underline{h} + \varepsilon, n(2\underline{h})] \} (-\varepsilon) < 0$$

最后一个不等式是由式（3.4）得到，而第一个不等号是因为 u 是凹函数而得到。在第一个式子里，$\beta(n_0) = 1$。由以上结果可以得到在点 h，$h_1 = 2\underline{h}$ 不是最佳解。

定义

$$h_0 \equiv \min_{h} \{ h : F(h, n(h)) - n(h)(2\underline{h} + b_0) \geqslant$$

$$F(2\underline{h}, n(2\underline{h})) - n(2\underline{h})(2\underline{h} + b_0) \}$$

那么，可以计算出在点 $h = h_0$ 满足式（3.4）。这是因为由假设 5，在 $h = 2\underline{h}$，式（3.4）的右侧变为

$$\frac{n(2\underline{h})}{\beta(n(2\underline{h}))}$$

由前所证，$n(2\underline{h}) < n_0^1$，又由（1）$\dfrac{n}{\beta(n)}$ 关于 n 是递增的，因而，应有

$$\frac{n(2\underline{h})}{\beta(n(2\underline{h}))} < \frac{n_0^1}{\beta(n_0^1)}$$

又由 $n_0^1 > n(2\underline{h})$ 及 $F(h, n)$ 关于 n 递减，所以

$$F(2\underline{h}, n(2\underline{h})) > F(2\underline{h}, n_0^1)$$

合起来应得到，在 $h = 2\underline{h}$，有式（3.4）成立。由 h_0 的定义，当 $h = h_0$ 时，$F(h_0, n(h_0)) - n(h_0)(2\underline{h} + b_0) \geqslant F(2\underline{h}, n(2\underline{h})) - n(2\underline{h})(2\underline{h} + b_0)$

由 u' 是递减的，得到

$$\frac{u'[F(h_0, n(h_0)) - n(h_0)(2\underline{h} + b_0)]}{u'[F(2\underline{h}, n(2\underline{h})) - n(2\underline{h})(2\underline{h} + b_0)]} < 1$$

又由于

$$\frac{n(h_0)}{\beta(n(h_0))} < \frac{n_0^1}{\beta(n_0^1)}$$

及假设 5，得到

$$F_h\big[\,(2\underline{h},n(2\underline{h}))\,\big] > \frac{n_0^1}{\beta(n_0^1)} > \frac{n(h_0)}{\beta(n(h_0))} >$$

$$\frac{n(h_0)}{\beta(n(h_0))} \frac{u'\big[\,F(h_0,n(h_0)) - 2n(h_0)\underline{h}\,\big]}{u'\big[\,F(2\underline{h},n(2\underline{h})) - 2n(2\underline{h})\underline{h}\,\big]}$$

即式（3.4）当 $h = h_0$ 时成立。

假设 $\bar{h}_m + \underline{h} > h_0$。下面我们证明：

b）对 $h > h_0$，有式（3.4）成立。

在点 h，假设下一期的最佳人力资本值 $h_1 = 2\underline{h}$ 的话，以下的式子被满足：

$$u'\big[\,F(h,n(h)) - n(h)(2\underline{h} + b_0)\,\big]\big[\,F_n(h,n(h)) - 2\underline{h} - b_0\,\big] +$$

$$\mu'(n(h)) + \beta'(n(h))V(2\underline{h}) = 0$$

得到此等式，是因为当初始值为 h，$h_1 = 2\underline{h}$ 时的最佳出生率 n（h）是内点，因而满足等式的一阶条件。即

$$u'\big[\,F(h,n(h)) - n(h)(2\underline{h} + b_0)\,\big] = -\frac{\beta'(n(h))V(2\underline{h}) + \mu'(n(h))}{F_n(h,n(h)) - 2\underline{h} - b_0}$$

$$(3.5)$$

同理

$$u'\big[\,F(h_0,n(h_0)) - n(h_0)(2\underline{h} + b_0)\,\big] = -\frac{\beta'(n(h_0))V(2\underline{h}) + \mu'(n(h_0))}{F_n(h,n(h_0)) - 2\underline{h} - b_0}$$

$$(3.6)$$

也成立。

下面分两部分来讨论。

b1）若 $n(h) > n(h_0)$ 的话，证明

$$u'[F(h,n(h)) - n(h)(2\underline{h} + b_0)] \leq u'[F(h_0,n(h_0)) - n(h_0)(2\underline{h} + b_0)]$$

由 $\beta'' < 0$，得到

$$\beta'(n(h)) < \beta'(n(h_0))$$

由 $\mu''(n) < 0$ 的假设，得到

$$\mu'(n(h)) < \mu'(n(h_0))$$

又由 $F_{hn} \leq 0$ 和 $F_{nn} \leq 0$，由 $h > h_0$ 和 $n(h) > n(h_0)$，得到

$$F_n(h,n(h)) < F_n(h_0,n(h_0))$$

即

$$2\underline{h} + b_0 - F_n(h,n(h)) > 2\underline{h} + b_0 - F_n(h_0,n(h_0))$$

综合起来，得到

$$\frac{\beta'(n(h)) + \mu'(n(h))}{2\underline{h} + b_0 - F_n(h,n(h))} < \frac{\beta'(n(h_0)) + \mu'(n(h_0))}{2\underline{h} + b_0 - F_n(h_0,n(h_0))}$$

因而

$$-\frac{\beta'(n(h))V(2\underline{h}) + \mu'(n(h))}{F_n(h,n(h)) - 2\underline{h} - b_0} < -\frac{\beta'(n(h_0))V(2\underline{h}) + \mu'(n(h_0))}{F_n(h_0,n(h_0)) - 2\underline{h} - b_0}$$

我们比较了式（3.5）和式（3.6）右侧的大小，由式（3.5）和式（3.6），得到

$$u'[F(h,n(h)) - n(h)(2\underline{h} + b_0)] < u'[F(h_0,n(h_0)) - n(h_0)(2\underline{h} + b_0)]$$

b2）下面假设 $n(h) < n(h_0)$。同样，证明

$$u'[F(h,n(h)) - n(h)(2\underline{h} + b_0)] < u'[F(h_0,n(h_0)) - n(h_0)(2\underline{h} + b_0)]$$

也成立。

由于 $n(h) < n(h_0)$，由 $F_n < 0$，$h > h_0$ 和 F 关于 h 是递增的，因而

$$F(h,n(h)) > F(h_0,n(h_0))$$

那么，应有

$$F(h,n(h)) - n(h)(2\underline{h} + b_0) > F(h_0,n(h_0)) - n(h_0)(2\underline{h} + b_0)$$

由 $u'' < 0$，得到

$$u'[F(h,n(h)) - n(h)(2\underline{h} + b_0)] < u'[F(h_0,n(h_0)) - n(h_0)(2\underline{h} + b_0)]$$

$$(3.7)$$

由结果 b1)，b2)，无论在哪种情况下都有式（3.7）成立。结果，

$$\frac{u'[F(h,n(h)) - n(h)(2\underline{h} + b_0)]}{u'[F(2\underline{h},n(2\underline{h})) - n(2\underline{h})(2\underline{h} + b_0)]} < 1$$

由定理 3.2，应有

$$n(h) \leqslant n_0^1$$

由（1），$\dfrac{n}{\beta(n)}$ 是递增的，得到

$$\frac{n(h)}{\beta(n(h))} < \frac{n_0^1}{\beta(n_0^1)}$$

由假设 5，

$$F_h[(2\underline{h},n(2\underline{h})] > \frac{n_0^1}{\beta(n_0^1)} > \frac{n(h)}{\beta(n(h))} >$$

$$\frac{n(h) \quad u'[F(h,n(h)) - n(h)(2\underline{h} + b_0)]}{\beta(n(h))u'[F(2\underline{h},n(2\underline{h})) - n(2\underline{h})(2\underline{h} + b_0)]}$$

成立。即在点 h，式（3.4）成立。由 a）所证，在点 $h > h_0$，$2\underline{h}$ 不会是下一期最佳人力资本选择。又由关于效用函数的假设 $u'(c) \to \infty$，当 $c \to 0$ 时，所以，$h_1 = \dfrac{F(h, n)}{n}$ 不是最佳选择。因此，h_1 是内部解。Q. E. D.

第四节   最佳路径的唯一性

现在，我们要讨论最佳路径是否唯一的问题。首先，证明下列引理。

引理 3.1   令 v 为具有下列性质的函数：$v' > 0$，$v'' < 0$。令 (h_1^0, n^0) 为（Ⅱ）对于给定的 h 下的解。设对于 $v = V$ 来说，满足假设 4。若 $U(h, n, h_1) \equiv u[F(h,n) - n(h_1 + b_0)] + \mu(n)$ 为关于 h_1 和 n 是严格的 $\theta -$ 凹的且假设 5 被满足，则在 (h_1^0, n^0) 的某个邻域中存在连续可微的函数 $h_1(h)$，$n(h)$，它们是问题（Ⅱ）的解，这里 $\theta -$ 凹是说，$n^2 u'' \mu'' - \theta^2 u'^2 - 2n\theta wu'u'' + n^2 u'u'' F_{nn} > 0$，其中，$w \equiv F_n(h, n) - (h_1 + b_0)$。更进一步，$(h_1^0, n^0)$ 是问题（Ⅱ）关于给定的初始值 h 的在这个邻域中唯一的解。

证明：考虑

$$u[F(h,n) - n(h_1 + b_0)] + \mu(n) + \beta(n)v(h_1)$$

由第三节，在满足假设 4 ~ 5 的条件下，最佳解 (h_1^0, n^0) 是内部解。那么，满足一阶条件

$$-nu'(c) + \beta v'(h_1) = 0 \qquad (3.8)$$

和

$$u'(c)\omega + \mu'(n) + \beta'(n)v(h_1) = 0 \qquad (3.9)$$

其中 $\omega = F_n(h, n) - h_1 - b_0$ 由以上等式，得到

$$v'(h_1) = \frac{nu'}{\beta}$$

$$v(h) = -\frac{u'\omega + \mu'(n)}{\beta'}$$

令 $W(h, h_1, n) \equiv u[F(h, n) - n(h_1 + b_0)] + \mu(n) + \beta(n)v(h_1)$。计算

$$\frac{\partial^2 W}{\partial h_1^2} = n^2 u'' + \beta v''(h_1)$$

$$\frac{\partial^2 W}{\partial n \partial h_1} = -u' - nu'\omega + \beta'v$$

$$\frac{\partial^2 W}{\partial n^2} = u''(c)\omega^2 + \mu''(n) + \beta''(n)v(h_1) + u'(c)F_{nn}$$

那么，

$$D = \begin{vmatrix} \dfrac{\partial^2 W}{\partial h_1^2} & \dfrac{\partial^2 W}{\partial n \partial h_1} \\ \dfrac{\partial^2 W}{\partial h_1 \partial n} & \dfrac{\partial^2 W}{\partial n^2} \end{vmatrix} = n^2 u''^2 \omega^2 + n^2 u'u''F_{nn} + n^2 u''\mu'' + n^2 \beta''u''v + \beta v''\dfrac{\partial^2 W}{\partial n^2} -$$

$$\theta^2 u'^2 - n^2 u''^2 \omega^2 - 2n\theta u'u''\omega = n^2 u'u''F_{nn} +$$

$$n^2 u''\mu'' + n^2 \beta''u''v + \beta v''\frac{\partial^2 W}{\partial n^2} - \theta^2 u'^2 - 2n\theta u'u''\omega$$

若 $D > 0$ 的话，则有 W 关于 (n, h_1) 是严格凹的。

$$n^2 u'u''F_{nn} + n^2 u''\mu'' + n^2 \beta''u''v + \beta v''\frac{\partial^2 W}{\partial n^2} - \theta^2 u'^2 - 2n\theta u'u''\omega$$

$$= n^2 u' u'' F_{nn} - 2\theta n u' u'' \omega + n^2 u'' \mu'' + n^2 \beta'' u'' v - \theta^2 u'^2 + \beta v'' \frac{\partial^2 W}{\partial n^2}$$

由假设，$n^2 u'' \mu'' - \theta^2 u'^2 - 2n\theta\omega u' u'' + n^2 u' u'' F_{nn} > 0$，由其余两项非负，因而得到 $D > 0$。

由于 W 关于 (n, h_1) 是严格凹的，因而在最优化问题中，就有唯一解 (h_1^0, n^0)。

注意：实际上，把 $v(h_1) = \dfrac{-u'(c)\omega - \mu'(n)}{\beta'(n)}$ 代入 D 的表示式，我们得到

$$D > -\frac{n\beta''(n)}{\beta'(n)} n u'(c) u''(c) \omega \qquad \text{Q. E. D.}$$

定理 3.4 令函数 v 如同引理 3.1 中的定义。在引理 3.1 的条件下，问题（Ⅱ）的解是唯一的。

证明： 在这一证明中，我们把问题（Ⅱ）分为两个最大化问题来考虑，即对固定的出生率 n 选择最佳的下一期的人力资本 h_1 及对固定的下一期人力资本 h_1 选择最佳的出生率 n。由于目标函数是严格凹的，每个最优问题的解都是唯一的。由两个问题的各自的解的唯一性可以证明问题（Ⅱ）的解的唯一性。证明分三步进行。

步骤 1　定义一个连续函数 ψ。

对一个固定的 n，考虑问题

$$\max_{h_1 \in \pi_1 \Gamma(h)} \{ u[F(h, n) - n(h_1 + b_0)] + \mu(n) + \beta(n) v(h_1) \} \qquad （Ⅲ）$$

其中，$\pi_1 \Gamma(h) \equiv \{ h_1 : (h_1, n) \in \Gamma(h) \}$。把映射

$$\theta: \left[n_0^1, \frac{T}{t_0} \right] \to \pi_1 \Gamma(h)$$

定义为

$$\theta(n) \equiv h_1 : h_1 = \arg \max_{h_1 \in \pi_1 \Gamma(h)} \{ u[F(h,n) - n(h_1 + b_0)] + \mu(n) + \beta(n)v(h_1) \}$$

由最大值定理，$\theta(n)$ 是上半连续的。另外，由于问题（Ⅲ）的目标函数关于 h_1 是严格凹函数（由目标函数关于 h_1 的二阶偏导 $n^2 u''[F(h,n) - n(h_1 + b_0)] + \beta(n)v''(h_1) < 0$ 可知），$\theta(n)$ 是问题（Ⅲ）的唯一解。由前面的连续性定理，$\theta(n)$ 是 n 的连续函数。相似地，考虑问题

$$\max_{n \in \pi_2 \Gamma(h)} \{ u[F(h,n) - n(h_1 + b_0)] + \mu(n) + \beta(n)v(h_1) \} \qquad （Ⅳ）$$

其中，$\pi_2 \Gamma(h) \equiv \{n : (h_1, n) \in \Gamma(h)\}$。把映射

$$\zeta : [2\underline{h}, \bar{h}_m + \bar{h}_f] \rightarrow [n_0^1, \frac{T}{t_0}]$$

定义为

$$\zeta(h_1) \equiv \arg \max_{n \in \pi_2 \Gamma(h)} \{ u[F(h,n) - n(h_1 + b_0)] + \mu(n) + \beta(n)v(h_1) \}$$

相似于上面所证，

由最大值定理，$\zeta(h)$ 是上半连续的。

由目标函数关于 n 的二阶偏导

$$u''(c)\omega^2 + \mu''(n) + \beta''(n)v(h_1) + u'(c)F_{nn} \qquad (3.10)$$

由假设 $u'' < 0$，$\mu''(n) < 0$，$\beta''(n) < 0$，$F_{nn} \leqslant 0$，得到式（3.10）为负。因此目标函数关于 n 是严格凹函数。所以，问题（Ⅳ）的最优解是唯一的。即 $\zeta(h)$ 是函数。由连续性定理，$\zeta(h)$ 是连续函数。

下面定义函数

$$\vartheta \equiv \zeta \theta$$

定义

$$\psi(n) \equiv \vartheta(n) - n$$

则由前所证，$\vartheta(n)$ 是连续函数，因而 $\psi(n)$ 也是定义域上的连续函数。很明显，下面的主张是正确的：

（A）(h_1, n) 是问题（Ⅱ）的解，当且仅当 n 是 ψ 的零点。即，$\psi(n) = 0$。

步骤 2 证明对 ψ 的每个零点 n_0 都有 $\psi'(n_0) < 0$。

（a）问题（Ⅲ）的解满足一阶条件：

$$-nu'[F(h, n) - n(\theta(n) + b_0)] + \beta(n)v'[\theta(n)] = 0 \qquad (3.11)$$

同理，问题（Ⅳ）的解也满足一阶条件：

$$u'[F(h, n) - \zeta(h_1)(h_1 + b_0)][F_n(h, \zeta(h_1)) - h_1 - b_0] +$$
$$\mu'(\zeta(h_1)) + \beta'(\zeta(h_1))v(h_1) = 0 \qquad (3.12)$$

由隐函数定理，存在连续可微函数 $h_1(n)$，$n(h_1)$ 局部地满足式（3.11）和式（3.12）。由于问题（Ⅲ）的解是唯一的，在 n 的一个邻域中，我们有 $h_1(n) = \theta(n)$。相似地，也有 $n(h_1) = \zeta(h_1)$ 成立。因而，$\theta(n)$ 和 $\zeta(h_1)$ 是连续可微的。进一步，得到

$$\frac{d\theta}{dn} = \frac{u' + nu''[F_n - (h_1 + b_0)] - \beta'(n)v'(h_1)}{n^2 u'' + \beta(n)v''(h_1)} = \frac{\dfrac{\partial^2 W}{\partial n \partial h_1}}{\dfrac{\partial^2 W}{\partial h_1^2}} \qquad (3.13)$$

类似地，从式（3.12）得到

$$\frac{d\zeta}{dh_1} = \frac{u' + nu''[F_n - (h_1 + b_0)] - \beta'(n)v'(h_1)}{u''[F_n - (h_1 + b_0)]^2 + \mu''(n) + \beta''(n)v(h_1)} = \frac{\dfrac{\partial^2 W}{\partial n \partial h_1}}{\dfrac{\partial^2 W}{\partial h_1^2}} \qquad (3.14)$$

（b）计算 ψ' 在 ψ 的零点 n^0 的值。由上面的讨论，

$$\vartheta'(n^0) = \frac{d\theta}{dn}\frac{d\zeta}{dh_1}(n^0) = \frac{\left(\dfrac{\partial^2 W}{\partial n \partial h_1}\right)^2}{\dfrac{\partial^2 W}{\partial n^2}\dfrac{\partial^2 W}{\partial h_1^2}} < 1 \qquad (3.15)$$

最后一个不等式由引理 3.1 的证明可以得到。由 $\dfrac{d\theta}{dn}$ 与 $\dfrac{d\zeta}{dh_1}$ 的连续性，得到在 n^0 的一个邻域里有

$$\psi'(n) = \vartheta'(n) - 1 < 0 \qquad (3.16)$$

步骤 3　n^0 是 ψ 的唯一的零点。

用反证法，假设 ψ 存在多于一个的零点。由引理 3.1，$D > 0$，由微分拓扑中的定理，问题（Ⅱ）的每个解都是孤立的，也就是在每个零点存在一个邻域，在此邻域中不存在其他点也是问题（Ⅱ）的解。由于 ψ 的零点也是问题（Ⅱ）的解，那么，ψ 的零点也是孤立的。现在，假设 n^1 是 ψ 的另一个零点，不妨设 $n^1 > n^0$。假设在 (n^0, n^1) 中没有 ψ 其他的零点，因为 ψ 的零点都是孤立的，所以可以找到这样的 n^1。由步骤 2，在 n^0 的某个邻域中有 $\psi'(n) < 0$，这样，由于 ψ 在 n^0 的邻域中是递减的，又因为 $\psi(n^0) = 0$，所以我们可以找到某个点 $n' > n^0$ 使得 $\psi(n') < 0$。同样，由于 $\psi'(n^1) < 0$，ψ 在 n^1 的某个邻域中也是递减的，由 $\psi(n^1) = 0$，也可以找到 $n'' < n^1$ 使得 $\psi(n'') > 0$。由于 ψ 在 $[n^0, n^1]$ 上是连续的，由连续函数的介值定理，一定存在 $n \in (n', n'') C(n^0, n^1)$ 使得 $\psi(n) = 0$。这与在 n^0 与 n^1 这两点间不存在其他点使得 ψ 的值为零的

假设矛盾。由此，可得到 ψ 的零点是唯一的，由前面所述的主张（A），可得到问题（Ⅱ）的最优解是唯一的。Q. E. D.

在这一节中，实际上只证明了当 v 是凹函数时，最佳路径的唯一性，要证明这一模型中的最佳路径的唯一性，还需要证明值函数 V 的凹性。但是这一证明很繁杂，涉及很多数学问题［可参考 Qi 和 Kanaya（2010）］，与本书最后要解决的问题离题太远，因而，为简单起见，在此只假设值函数 v 是凹函数，并且在（$2\underline{h}$，$\bar{h}_m + \underline{h}$）上是二阶可微的。

第五节　最佳人力资本路径的单调性

在这一节中，分析最佳人力资本路径的单调性的问题。在这一节中，使用类似于 Benhabib 和 Nishimura（1989）的方法来证明最佳路径的单调性。

假设 6. 假设 $\dfrac{\beta(n)}{\beta'(n)}$ 的弹性 $e > 1$。

在这里，首先说明弹性的定义。例如，$\beta(n)$ 关于 n 的弹性就是

$$\frac{\left|\dfrac{d\beta(n)}{dn}\right|}{\dfrac{\beta(n)}{n}} = \frac{n\beta'(n)}{\beta(n)}$$

而

$$e = \frac{\left|\dfrac{d\left(\dfrac{\beta(n)}{\beta'(n)}\right)}{dn}\right|}{\dfrac{\beta(n)}{n\beta'(n)}}$$

定理 3.5　当值函数为连续可微凹函数，且 $F_{nn} < 0$，$F_{nh} < 0$ 时，在假设 6 下，当 $h > h_0$，且 $h < \bar{h}_m + \underline{h}$ 时，$H(h)$ 是递增的。

证明： 由于最佳解都是内部的，所以满足以下一阶条件：

$$u'\big[F(h,n) - n(h_1 + b_0)\big]\big[F_n(h,n) - (h_1 + b_0)\big] + \mu'(n) + \beta'(n)V(h_1) = 0 \tag{3.17}$$

$$-nu'\big[F(h, n) - n(h_1 + b_0)\big] + \beta(n)V'(h_1) = 0 \tag{3.18}$$

由式（3.17）得到连续可微的函数

$$n = n(h, h_1)$$

定义下列函数：

$$w(h, h_1, n) \equiv U(h, h_1, n) + \beta(n)V(h_1)$$

其中，

$$U(h, h_1, n) = u(h, h_1, n) + \mu(n)$$

定义

$$\bar{w}(h, h_1) \equiv w(h, h_1, n(h, h_1))$$

下面证明 $\dfrac{\partial^2 \bar{w}}{\partial h \partial h_1} > 0$。

$$\frac{\partial^2 \bar{w}}{\partial h \partial h_1} = \frac{\partial^2 w}{\partial h \partial h_1} + \frac{\partial^2 w}{\partial n \partial h_1}\frac{\partial n}{\partial h} \tag{3.19}$$

这里，

$$\frac{\partial^2 w}{\partial h \partial h_1} = -nu''F_h$$

$$\frac{\partial^2 w}{\partial n \partial h_1} = -u' - nu''[F_n - (h_1 + b_0)] + \beta'(n)V'(h_1)$$

由式（3.17），得到

$$\frac{\partial n}{\partial h} = -\frac{\dfrac{\partial^2 w}{\partial h \partial n}}{\dfrac{\partial^2 w}{\partial n^2}}$$

$$= \frac{-u' - nu''(F_n - h_1 - b_0)F_h}{u''(F_n - h_1 - b_0)^2 + u'F_{nn} + \mu''(n) + \beta''(n)V(h_1)}$$

把以上结果代入式（3.19），得到

$$\frac{\partial^2 \bar{w}}{\partial h \partial h_1} = \frac{1}{D}(M_1 + M_2)$$

其中，

$$D = u''(F_n - h_1 - b_0)^2 + u'F_{nn} + \mu''(n) + \beta''(n)V(h_1)$$

$$M_1 = u'u''(F_n - h_1 - b_0)F_h\left[1 - \frac{n\beta''(n)V(h_1)}{u'(F_n - h_1 - b_0)} - \frac{\beta'(n)V'(h_1)}{u'}\right]$$

$$M_2 = u'F_{nh}[u' + u''n(F_n - h_1 - b_0) - \beta'(n)V'(h_1)] - nu'u''F_{nn}F_h$$

首先，考虑 M_1 的符号。由式（3.17）和式（3.18），得到

$$M_1 = u'u''(F_n - h_1 - b_0)F_h\left[1 - \frac{n\beta''(n)V(h_1)}{u'(F_n - h_1 - b_0)} - \frac{\beta'(n)V'(h_1)}{u'}\right]$$

$$= u'u''(F_n - h_1 - b_0)\left[1 + \frac{n\beta''(n)}{\beta'(n)} - \frac{n\beta'(n)}{\beta(n)}\right]$$

$$= u'u''(F_n - h_1 - b_0)F_h\left\{1 - \frac{n\beta'(n)}{\beta(n)}\left[\frac{\beta'^2(n) - \beta''(n)\beta(n)}{\beta'^2(n)}\right]\right\}$$

$$= u'u''(F_n - h_1 - b_0)F_h(1 - e)$$

由于 $e > 1$，$F_h > 0$，$u'' < 0$ 和 $F_n - h_1 - b_0 < 0$，所以

118

$$M_1 > 0$$

接着，考虑 M_2 的符号。首先考虑第一项的符号：

$$u'F_{nh}\left[u' + u''n(F_n - h_1 - b_0) - \beta'(n)V'(h_1)\right]$$

$$= u'F_{nh}\left\{u''n(F_n - h_1 - b_0) + u'\left[1 - \frac{\beta'(n)V'(h_1)}{u'}\right]\right\}$$

$$= u'F_{nh}\left\{u''n(F_n - h_1 - b_0) + u'\left[1 - \frac{n\beta'(n)}{\beta(n)}\right]\right\}$$

由大括号的两项都为正，且 $F_{nh} < 0$，得到 M_2 的第一项为负。由 $u'' < 0$，$F_{nn} \leq 0$ 和 $F_h \geq 0$，得到 M_2 的第二项非正。综合起来，可得

$$M_2 < 0$$

由 $D < 0$，得到

$$\frac{\partial^2 \bar{w}}{\partial h \partial h_1} > 0$$

假设在最佳人力资本路径上，$h < h'$，却有 $h_1 > h'_1$（h_1 与 h'_1 分别为当初始值为 h 与 h' 时的下一期的最佳人力资本）的话，就会有

$$\bar{w}(h', h_1) - \bar{w}(h', h'_1) - \left[\bar{w}(h, h_1) - \bar{w}(h, h'_1)\right] > 0 \qquad (3.20)$$

为了证明式（3.20）成立，计算

$$\bar{w}(h', h_1) - \bar{w}(h', h'_1) - \left[\bar{w}(h, h_1) - \bar{w}(h, h'_1)\right]$$

$$= \bar{w}_{h_1}(h', h_{1\theta})(h_1 - h'_1) - \bar{w}_{h_1}(h, h_{1\theta})(h_1 - h'_1)$$

$$= \left[\bar{w}_{h_1}(h', h_{1\theta}) - \bar{w}_{h_1}(h, h_{1\theta})\right](h_1 - h'_1) \qquad (3.21)$$

这里

$$h_{1\theta} = \theta h_1 + (1 - \theta)h'_1, 0 < \theta < 1$$

119

由前面所证，$\dfrac{\partial^2 \bar{w}}{\partial h \partial h_1} > 0$，由 $h < h'$，应有

$$\bar{w}_{h_1}(h', h_{1\theta}) > \bar{w}_{h_1}(h, h_{1\theta})$$

又由假设

$$h_1 - h'_1 > 0$$

得到式（3.21）为正。因而证明了式（3.20）成立。

但由于 $\bar{w}(h', h'_1)$ 与 $\bar{w}(h, h_1)$ 分别为 $w(h, h_1, n)$ 在 h' 和 h 点的最大值，因而

$$\bar{w}(h', h_1) - \bar{w}(h', h'_1) \leqslant 0$$

与

$$-[\bar{w}(h, h_1) - \bar{w}(h, h'_1)] \leqslant 0$$

成立。由此又得到式（3.20）非正。这与前面所证（3.20）为正矛盾。因而，由 $h' > h$，必有 $h'_1 \geqslant h_1$。即最佳人力资本路径是递增的。Q. E. D.

推论 1. 假设 $A_{cm} = A_{cf}$，$\gamma < \dfrac{1}{2}$ 且 $H(\bar{h}_m + \underline{h}) \leqslant \bar{h}_m + \underline{h}$ 的话，则对于 $h \in (2\underline{h}, \bar{h}_m + \underline{h})$，政策函数 $H(h)$ 是递增函数。

证明： 考虑 $n_0^2(h)$。由定义

$$n_0^2(h) \equiv \frac{T}{t_0}\Big[1 - \frac{(1-\gamma)A_{cm}h_m}{\gamma A_{cf}h_f}\Big]$$

当 $h = 2\underline{h}$ 时，由模型的设定，应有 $h_f = \underline{h}$，$h_m = \underline{h}$。所以，

$$n_0^2(h) = \frac{T}{t_0}\Big[1 - \frac{(1-\gamma)}{\gamma}\Big]$$

由假设 $\gamma < \dfrac{1}{2}$，得到

$$\frac{1-\gamma}{\gamma} > 1$$

因而

$$n_0^2(2\underline{h}) < 0$$

又由于当 $2\underline{h} < h < \bar{h}_m + \underline{h}$ 时，

$$n_0^2(h) = \frac{T}{t_0}\left[1 - \frac{(1-\gamma)A_{cm}(h-\underline{h})}{\gamma A_{cf}\underline{h}}\right]$$

是关于 h 的递减函数，因而

$$n_0^2(h) < n_0^2(2\underline{h}) < 0$$

因此，不可能存在出生率 $n > 0$，且满足 $n < n_0^2$。由 n_0^2 的定义，必有 $\theta_f = 0$。由命题 2.2，F 为二阶连续可微的，且满足 $F_{nn} < 0$，$F_{nh} < 0$。由定理 3.5，$H(h)$ 为递增函数。Q. E. D.

第六节　横截条件

在本节证明人力资本的最佳路径单调地收敛于定常点的问题。在第五节证明了最优解是单调递增的，但这并不是说从初始值 h 出发的人力资本最佳路径 $\{h_t\}_{t=1}^{\infty}$ 就是单调递增序列，这取决于 $h_1 > h$ 是否成立。若 $h_1 > h$，由人力资本最佳解的单调性，从 h_1 出发的最大化问题的解，就会大于从 h 出发的最大化问题的解，而这两个问题的解分别为 h_2 与 h_1，从定理 3.5 得到 $h_2 > h_1$，由归纳法，可得 $h_t > h_{t+1}$ 对任意时刻 t 都成立。

下面考虑最大化问题的横截条件，由此可以证明在最低人力资本值附近的最佳路径的动向。

首先，考虑欧拉方程。对于内部的最佳路径，考虑两个期间的最大化问题，得到以下方程：

$$-n_t u'(c_t) + \beta(n_t) u'(c_{t+1}) F_h(h_{t+1}, n_{t+1}) = 0, t = 1, \cdots$$

对这些方程式求和，就得到

$$\sum_{t=1}^{\infty} u'(c_{t+1}) [\beta(n_t) F_h(h_{t+1}, n_{t+1}) - n_{t+1}] = n_1 u'(c_1) \qquad (3.22)$$

由这一横截条件，证明以下命题：

定理 3.6 若要保证式（3.22）成立，或者 1）$\beta(n_t) F_h(h_{t+1}, n_{t+1}) - n_{t+1}$ 的符号无限次地变换，或者 2）$\beta(n_t) F_h(h_{t+1}, n_{t+1}) - n_{t+1} \rightarrow 0$ 的其中一个且只有一个成立。

证明： 假设 $\beta(n_t) F_h(h_{t+1}, n_{t+1}) - n_{t+1}$ 的符号并非无限次地变换。则当 n 充分大时，

$$\beta(n_t) F_h(h_{t+1}, n_{t+1}) - n_{t+1}$$

或一直是正的，或一直是负的。设当 $t > t_0$ 时，都有

$$\beta(n_t) F_h(h_{t+1}, n_{t+1}) - n_{t+1} > 0$$

为保证

$$\sum_{t=t_0}^{\infty} u'(c_{t+1}) [\beta(n_t) F_h(h_{t+1}, n_{t+1}) - n_{t+1}]$$

收敛，就必须满足

$$\lim_{t \to \infty} u'(c_{t+1}) [\beta(n_t) F_h(h_{t+1}, n_{t+1}) - n_{t+1}] = 0$$

由 c 是有界的，$u'(c_t)\to 0$ 并不成立，所以必有

$$\lim_{t\to\infty}[\beta(n_t)F_h(h_{t+1},n_{t+1})-n_{t+1}]=0 \qquad \text{Q. E. D.}$$

命题 3.1

若

$$(h_{t+1},n_t)\in G(h_t)$$

$h_t>2\underline{h}$ 及 $\lim_{t\to\infty}h_t=2\underline{h}$ 的话，则 $0\in N(2\underline{h})$，而且有 $n_t\to 0$。

证明： 在假设 4 的假设下，最佳出生率是内部解。因而式（3.17）成立。从式（3.17）可以得到连续可微函数

$$n_t=n(h_t,h_{t+1}) \qquad (3.23)$$

由 $h_t\to 2\underline{h}$，可得 $n_t\to n_0$，这里

$$n_0=n(2\underline{h},h_1)\in N(2\underline{h})$$

令

$$F_h(2\underline{h},n_0^1)-\frac{n_0^1}{\beta(n_0^1)}=\delta$$

由假设 5，$\delta>0$。下面对 n_t，$n_{t+1}<n_0^1$，$n_t\in G(h_t)$，证明

$$F_h(2\underline{h},n_{t+1})-\frac{n_{t+1}}{\beta(n_t)}>\delta$$

首先，由前所证

$$\frac{d}{dn}\left(\frac{n}{\beta(n)}\right)=\frac{1}{\beta^3(n)}\left[1-\frac{n\beta'(n)}{\beta(n)}\right]>0$$

$\frac{n}{\beta(n)}$ 是 n 的递增函数，而又由 $F_{hn}<0$，

$$F_h(2\underline{h},n) - \frac{n}{\beta(n)}$$

是 n 的递减连续函数。由 $n_0 < n_0^1$，应有

$$F_h(2\underline{h},n_0) - \frac{n_0}{\beta(n_0)} > \delta$$

由 $h_t \to 2\underline{h}$，由式（3.23）及函数 $n(h_t,h_{t+1})$ 的连续性，得到

$$n_t = n(h_t,h_{t+1}) \to n(2\underline{h},2\underline{h}) = n_0$$

由连续函数的强保号性，当 t 充分大时，有

$$F_h(2\underline{h},n_t) - \frac{n_t}{\beta(n_t)} > \delta \qquad (3.24)$$

因为函数

$$F_h(2\underline{h},n) - \frac{n}{\beta(n_t)}$$

关于 n 是连续的，因为当 t 充分大，有 n_{t+1} 与 n_t 充分接近，因而从式（3.24）可以得到

$$F_h(2\underline{h},n_{t+1}) - \frac{n_{t+1}}{\beta(n_t)} > \frac{\delta}{2}$$

当 t 充分大时成立。由效用函数的假设，当 $c \to 0$ 时，$u'(c) \to \infty$，由 $h_t \to 2\underline{h}$，得到 c_t 充分小，那么，$u'(c_t)$ 充分大。设

$$u'(c_{t_0}) > a$$

得到

$$\sum_{t=t_0}^{\infty} u'(c_{t+1})[\beta(n_t)F_h(h_{t+1},n_{t+1}) - n_{t+1}] > \frac{a\delta}{2}\sum_{t=t_0}^{\infty}\beta(n_t)$$

由于上式左边的级数收敛，所以必有

$$\beta(n_t) \to 0$$

由 β 的连续性和可逆性，得到

$$n_t \to 0$$

同时，由于 $n_t \to n_0 \in N(2\underline{h})$，由极限的唯一性，应有

$$0 = n_0 \in N(2\underline{h}) \qquad\qquad \text{Q. E. D.}$$

命题 3.2　设 $F(2\underline{h},0) \gg 0$ 及 $\beta'(n) \to \infty$ $(n \to 0)$，则 $0 \notin N(2\underline{h})$。因而，若 $h_1 < h$ 的话，则存在 $t > 0$，使得 $h_t = 2\underline{h}$。

证明：因为当 $n \to 0$ 时，$\beta'(n) \to \infty$，$u'[F(\bar{h}_m + \underline{h}, \varepsilon) - \varepsilon(2\underline{h} + b_0)]$ $(F_n - 2\underline{h} - b_0) + \beta'(\varepsilon) V(2\underline{h}) > 0$，所以 $n = 0$ 不是最优解。由命题 3.1，$h_t \neq 2\underline{h}$。而且，$h_t \to 2\underline{h}$ 那样的无限序列 $\{h_t\}$ 并不存在。

因此，单调减少的路径在有限期间内就达到 $2\underline{h}$。Q. E. D.

命题 3.3　设定理 3.5 的推论 1 的条件被满足。在区间 $[h_0, \bar{h}_m + \underline{h})$ 上存在人力资本的递增最佳路径。其中，$h_0 \equiv \min\limits_{h} \{h: F(h, n(h)) - n(h)(2\underline{h} + b_0)\} \geqslant F(2\underline{h}, n(2\underline{h})) - n(2\underline{h})(2\underline{h} + b_0)]\}$，而且当 $h > h_0$，都有 $h_1 > 2\underline{h}$ 成立。

证明：若不存在递增的最佳路径的话，由定理 3.5，最优解是单调的，那么，从任意的初始值 h 出发的内部最佳路径都满足 $H(h) < h$，也就是 $h_1 < h$。由定理 3.5，应有 $h_{t+1} \leqslant h_t$。人力资本的最佳路径是递减的。由命题 3.2，在有限期间内达到 $h_t \equiv 2\underline{h}$。

定义函数

$$\xi(h) \equiv \max\limits_{n} \left\{ \frac{u[F(h,n) - n(h + b_0)] + \mu(n)}{1 - \beta(n)} \right\}$$

由 u 是递增的，F 关于 h 也是递增的，当 $\bar{h}_m + \underline{h}$ 比 $2\underline{h}$ 足够大时，

$$\xi(\bar{h}_m + \underline{h}) \gg \xi(2\underline{h})$$

因此，对接近 $\bar{h}_m + \underline{h}$ 的 h，下一期的人力资本选择 $\bar{h}_m + \underline{h}$，并永远停留在 $\bar{h}_m + \underline{h}$ 的话，会比停留在 $2\underline{h}$，得到更高的效用。这与所有人力资本的最佳路径都是递减的相矛盾。Q. E. D.

第七节　定常点的存在性

在这一节中首先证明在动态模型中定常点的存在性，定常点的数目，位置等。然后分析最佳路径怎样收敛于定常点，定常点都具有什么性质等。

1. 定常点的存在性

定理 3.7　设 $\{(h_t,\ n_t)\}_{t=1}^{\infty}$ 是从 h 出发的内部最佳路径，且人力资本的最佳路径 $\{h_t\}$ 是单调递增的。则 $(h_t,\ n_t) \to (h^*,\ n^*)$，其中 $(h^*,\ n^*)$ 是定常点，满足

$$F_h(h^*, n^*) - \frac{n^*}{\beta(n^*)} = 0 \qquad (3.25)$$

证明：1）由于 $2\underline{h} \leqslant h_t \leqslant \bar{h}_m + \bar{h}_f$，$\{h_t\}$ 是有界序列，又由 $\{h_t\}$ 是单调递增的，所以 $\{h_t\}$ 必有极限存在。设

$$\lim_{t \to \infty} h_t = h^*$$

由式（3.17），得到连续可微函数

$$n_t = n(h_t, h_{t+1})$$

126

因而得到

$$\lim_{t \to \infty} n_t = \lim_{t \to \infty} n(h_t, h_{t+1}) = n(h^*, h^*) = n^*$$

成立。

2）证明（h^*，n^*）是定常解：

因为（h_{t+1}，n_t）$\in G$（h），且 G（h）是上半连续的，由上半连续的定义，由于

$$\lim_{t \to \infty}(h_t, n_t) = (h^*, n^*)$$

应有

$$(h^*, n^*) \in G(h^*)$$

由此，可知（h^*，n^*）为定常解。

对欧拉方程两边关于 $t \to \infty$ 取极限，

$$\lim_{t \to \infty}\left[-n_t u'(c_t) + \beta(n_t) u'(c_{t+1}) F_h(h_{t+1}, n_{t+1}) \right] = 0 \qquad (3.26)$$

由

$$\lim_{t \to \infty} n_t = n^*$$

和

$$\lim_{t \to \infty} h_t = h^*$$

得到

$$\lim_{t \to \infty} c_t = \lim_{t \to \infty}\left[F(h_t, n_t) - n_t(h_{t+1} + b_0) \right] = F(h^*, n^*) - n^*(h^* + b_0)$$

所以

$$\lim_{t \to \infty} u'(c_t) = \lim_{t \to \infty} u'(c_{t+1})$$

式（3.26）变为

$$F_h(h^*, n^*) = \frac{n^*}{\beta(n^*)} \qquad \text{Q. E. D.} \quad (3.27)$$

下方的定常点

下面确定定常点的位置。

由前面所证，在 $[h_0, \bar{h}_m + \underline{h})$ 存在单调递增的人力资本最佳路径，可以证明满足（3.27）的定常点在 $[h_0, \bar{h}_m + \underline{h}]$ 内存在，在这一定常点上，男性只参加商品生产，女性只参加家务劳动，出生率较高。

命题 3.4 市场商品的生产性 γ 充分小，且当 $n \to 0$，$\beta'(n) \to \infty$ 时，区间 $[h_0, \bar{h}_m + \underline{h}]$ 内存在定常点。在这一定常点上，男性与女性都是完全特化的。

证明： 由命题 2.2，当 $\dfrac{\underline{h}}{1-\gamma} \leq h \leq \bar{h}_m + \underline{h}$ 时，由男性先受教育，达到 $\bar{h}_m$ 后女性再受教育和不受教育也拥有最低人力资本 $\underline{h}$ 的假设，

$$h_m > \frac{\underline{h}}{1-\gamma} - \underline{h} = \frac{\gamma \underline{h}}{1-\gamma}$$

$$h_f = \underline{h}$$

代入 $n_0^2(h)$ 的表示式，得到

$$n_0^2(h) < \frac{T}{t_0}\{1 - \frac{(1-\gamma)\frac{\gamma \underline{h}}{1-\gamma}}{\gamma \underline{h}}\} = 0$$

因而，最佳出生率不可能低于 $n_0^2(h)$。由命题 2.2，$\theta_f = 0$。即女

性不参加市场商品的生产。同样，当 $\bar{h}_m + \underline{h} < h < \dfrac{\bar{h}_m}{\gamma}$ 时，由模型的假设

2，$h_m = \bar{h}_m$，而

$$h_f < \frac{\bar{h}_m}{\gamma} - \bar{h}_m = \frac{(1 - \gamma)\bar{h}_m}{\gamma}$$

代入 $n_0^2(h)$ 的表示式，由假设 $A_{cm} = A_{cf}$，

$$n_0^2(h) = \frac{T}{t_0}\{1 - \frac{(1 - \gamma)A_{cm}h_m}{\gamma A_{cf}h_f}\}$$

$$< \frac{T}{t_0}\{1 - \frac{(1 - \gamma)\bar{h}_m}{\gamma(1 - \gamma)\bar{h}_m}\} = 0$$

所以对任意出生率都不可能满足

$$n < n_0^2(h)$$

由命题 2.2，$\theta_f = 0$。女性不参加商品生产。因而，

$$F(h, n) = F(\bar{h}_m + \underline{h}, n)$$

因此

$$V(h) = V(\bar{h}_m + \underline{h})$$

若任意 $\bar{h}_m + \underline{h} \leqslant h_1 \leqslant \dfrac{\bar{h}_m}{\gamma}$的话，对于任意的 n，都有

$$u[F(\bar{h}_m + \underline{h}, n) - n(h_1 + b_0)] + \beta(n)V(h_1)$$

$$= u[F(\bar{h}_m + \underline{h}, n) - n(h_1 + b_0)] + \beta(n)V(\bar{h}_m + \underline{h})$$

$$< u[(\bar{h}_m + \underline{h}, n) - n(\bar{h}_m + \underline{h} + b_0)] + \beta(n)V(\bar{h}_m + \underline{h})$$

所以，$h_1 \leqslant \bar{h}_m + \underline{h}$。

假设 $\dfrac{\bar{h}_m}{\gamma}$ 非常大，且有 $h_1 > \dfrac{\bar{h}_m}{\gamma}$。这时或者为了保证

$$F(\bar{h}_m + \underline{h}, n) - n(h_1 + b_0) \geq 0$$

只能减少孩子数，令

$$c = F(\bar{h}_m + \underline{h}, n) - n(h_1 + b_0)$$

由于 F 关于 n 是递减的，所以消费 c 关于 n 是递减的。最优解满足式（3.17），

$$-nu'[F(h, n) - n(h_1 + b_0)] + \beta(n)V'(h_1) = 0$$

当 $n \to 0$ 时，由

$$\frac{n\beta'(n)}{\beta(n)} < 1$$

及

$$\beta'(n) \to \infty, n \to 0$$

所以，必有

$$\frac{n}{\beta(n)} \to 0$$

由此，$\dfrac{\beta(n)}{n} \to \infty$，得到

$$\frac{\beta(n)}{n}V'(h_1) \to \infty$$

从式（3.17）得到

$$u'[F(h, n) - n(h_1 + b_0)] \to \infty, n \to 0$$

由 $u'(c)$ 是递减的，得到

$$当 n\to 0 时, c\to 0$$

这与 c 是 n 的递减函数相矛盾。从这一矛盾得到，$h_1 > \dfrac{\bar{h}_m}{\gamma}$ 不成立。

由前面所证，当 $h_1 \leq \dfrac{\bar{h}_m}{\gamma}$，则必有 $h_1 \leq \bar{h}_m + \underline{h}$。

由以上证明得到对任意 $h \in [h_0, \bar{h}_m + \underline{h}]$，$h_1 \leq \bar{h}_m + \underline{h}$。由命题 3.3，存在递增的人力资本最佳路径 $\{h_t\}$。由于 $h_t \leq \bar{h}_m + \underline{h}$，所以 $h_t \to h^*$。由定理 3.7，出生率的最佳路径收敛于 n^*。而且，(h_1^*, n^*) 满足式 (3.27)。Q. E. D.

综合以上证明，当 $\dfrac{\bar{h}_m}{\gamma}$ 非常大时，也就是当男性的最大人力资本非常大，或 γ 非常小时，最佳人力资本路径是不可能越过 $\bar{h}_m + \underline{h}$ 的。但当 $\dfrac{\bar{h}_m}{\gamma}$ 并不非常大时，通过减少孩子数量还是可以到达 $\dfrac{\bar{h}_m}{\gamma}$ 的。在这种情况下，下方的定常点不存在。

推论 2. 当 $\dfrac{\bar{h}_m}{\gamma}$ 非常大时，$\bar{h}_m + \underline{h}$ 应是一个定常点。

证明：由命题 3.4 所证，当 $h = \bar{h}_m + \underline{h}$ 时，$h_1 \leq \bar{h}_m + \underline{h}$。如果 $h_1 < \bar{h}_m + \underline{h}$，则有 $\{h_t\}$ 是递减序列，由前面所证，会在有限期间内到达 h^*。如果 $h_1 = \bar{h}_m + \underline{h}$，则有

$$V(\bar{h}_m + \underline{h}) = \max_n \frac{u\left[F(\bar{h}_m + \underline{h}, n) - n(\bar{h}_m + \underline{h} + b_0)\right]}{1 - \beta(n)}$$

考虑

$$V(h^*) = \max_n \frac{u[F(h^*,n) - n(h^* + b_0)]}{1 - \beta(n)}$$

当

$$F_h(\bar{h}_m + \underline{h}, n) - n > 0 \qquad (3.28)$$

时，则有

$$F_h(h, n) - n > 0$$

对 $h < \bar{h}_m + \underline{h}$ 都成立（因为 $F_{hh} < 0$）。即 $F(h, n) - n(h + b_0)$ 关于 h 是递增的。所以，

$$F(\bar{h}_m + \underline{h}, n) - n(\bar{h}_m + \underline{h} + b_0) > F(h^*, n) - n(h^* + b_0)$$

对满足（3.28）的 n 成立。

因而，

$$V(\bar{h}_m + \underline{h}) \geqslant V(h^*)$$

3. 上方定常点

下面证明还有一个大的定常点存在。我们证明的方针是从某个大的人力资本数值出发，女性参加商品生产活动，人力资本递增，而且收敛于某个定常解。因为在这一最佳路径上女性参加商品生产，所以在此定常点上出生率较低，女性也参加商品生产。

命题 3.5 假设 $\bar{h}_m + \bar{h}_f \gg \dfrac{\bar{h}_m}{\gamma}$。在 $(\bar{h}_m + \underline{h}, \ \bar{h}_m + \bar{h}_f]$ 中存在定常解。

在这一定常解，男性对于市场商品生产特化，而女性不完全特化。

证明： 与命题 3.3 类似可证，由 $\bar{h}_m + \bar{h}_f \gg \dfrac{\bar{h}_m}{\gamma}$ 的假设，一定存在递增

的人力资本最佳路径，即存在 $h > \dfrac{\bar{h}_m}{\gamma}$，有 $h_1 > \dfrac{\bar{h}_m}{\gamma}$，其中，$h_1 \in H(h)$。由

$h_1 > \dfrac{\bar{h}_m}{\gamma}$，应有 $n(h, h_1) < n_0^2(h)$。这是因为，若反之，$n(h, h_1) \geqslant$

$n_0^2(h)$ 的话，由命题 2.1，$\theta_f = 0$，女性不参加市场商品的生产，所以

$F(h, n) = F(\bar{h}_m + \underline{h}, n)$。那么，$h_1 = \bar{h}_m + \underline{h}$ 会使得总效用更高。

令

$$h^0 \equiv \min_h \{ n < n_0^2(h) : n \in N(h) \}$$

以下证明对于 $h > h^0$，对于 h 的最佳出生率应满足

$$n < n_0^2(h)$$

用反证法，若对于某个点 $h > h^0$，却有 $n \in N(h)$，$n > n_0^2(h)$ 的话，

由命题 2.2，$\theta_f = 0$，则生产函数 $F(h, n) = F(\bar{h}_m + \underline{h}, n)$。因此，下一期

的最佳人力资本应是 $\bar{h}_m + \underline{h}$。得到

$$u\big[F(h, n) - n(\bar{h}_m + \underline{h} + b_0) \big] + \mu(n) + \beta(n) V(\bar{h}_m + \underline{h}) \leqslant V(\bar{h}_m + \underline{h})$$

但是，由于

$$V(h^0) = u\big[F(h^0, n(h^0)) - n(h^0)(h_1^0 + b_0) \big] + \mu(n(h_0)) +$$
$$\beta(n(h^0)) V(h_1^0) > V(\bar{h}_m + \underline{h})$$

则有

$$u\big[F(h, n(h^0)) - n(h^0)(h_1^0 + b_0) \big] + \mu(n(h^0)) + \beta(n(h^0)) V(h_1^0)$$
$$\geqslant u\big[F(h^0, n(h^0)) - n(h^0)(h_1^0 + b_0) \big] + \mu(n(h_0)) + \beta(n(h^0)) V(h_1^0)$$

$$> V(\bar{h}_m + \underline{h})$$

这里，

$$(h_1^0, n(h^0)) \in G(h^0) \subset \Gamma(h)$$

因此，$n \geqslant n_2^0(h)$ 并非最佳出生率。因而，当 $h \geqslant h^0$ 时，最佳出生率 $n(h) < n_2^0(h)$，$\theta_f > 0$。F 关于 n 与 h 的二阶偏导数存在。

下面证明当 $h \geqslant h^0$，有 $H(h) \geqslant h^0$ 成立。由反证法，设反之，存在 $h \geqslant h^0$，但存在 $h_1 \in H(h)$，$h_1 < h^0$。由 h^0 的定义，对任意 $n' \in N(h)$，都有 $n' \geqslant n_2^0(h)$。由命题 2.2，$F(h, n') = F(\bar{h}_m + \underline{h}, n')$，而且 $V(h_1) = V(\bar{h}_m + \underline{h})$。因此，

$$u[F(h, n) - n(h_1 + b_0)] + \mu(n) + \beta(n)V(h_1)$$
$$= u[F(h, n) - n(h_1 + b_0)] + \mu(n) + \beta(n)V(\bar{h}_m + \underline{h})$$
$$< u[F(h, n) - n(\bar{h}_m + \underline{h} + b_0)] + \mu(n) + \beta(n)V(\bar{h}_m + \underline{h})$$

这里，$(h_1, n) \in G(h)$。但上面的不等式与 $(h_1, n) \in G(h)$ 矛盾。因此，对任意 $h \geqslant h^0$，得到 $H(h) \geqslant h^0$。

因此，H 为从 $[h^0, \bar{h}_m + \bar{h}_f]$ 到 $[h^0, \bar{h}_m + \bar{h}_f]$ 上的上半连续对应，由角谷的不动点定理，存在 $h^{**} \in [h^0, \bar{h}_m + \bar{h}_f]$，使得 $h^{**} \in H(h^{**})$。Q. E. D.

注意，由命题 3.5 得到的不动点，可能是最大边界点。如果，在区间 $(\bar{h}_m + \underline{h}, \bar{h}_m + \bar{h}_f)$ 中不存在满足

$$F_h(h, n(h)) = \frac{n(h)}{\beta(n(h))}, n(h) \in N(h)$$

的点 h 时，则 $\bar{h}_m + \bar{h}_f$ 就一定为不动点。

当市场商品的生产性 γ 充分小时，$\dfrac{\bar{h}_m}{\gamma} \geq \bar{h}_m + \bar{h}_f$ 是有可能的。这时上方定常点会消失。在最大的定常点 $\bar{h}_m + \underline{h}$，女性不接受教育，也不参加市场商品的生产。这时出生率较高。

第四章　独生子女政策的分析

在上一章中，对男女家庭分工的动态模型进行了数学分析。这一节，笔者将用第三章的分析结果来分析我国的人口政策，并对我国今后的人口政策提出一些建议。首先，我们利用第三章的模型来证明我国的独生子女政策的非帕累托有效性。这一证明的重要性在于如果独生子女是家庭对子女数的最佳选择的话，政府推行这一政策是非常必要的，这是因为各个家庭可能是短视的，看不到全局，所以可能会做出不正确的决定，而政府可以从全局着眼，引导各家庭做出正确的决策，既有利于小家庭又有利于整个社会。但是，如果这一政策并不是各个家庭的最佳选择，那么应该有改进的可能和必要。在本章的第二节，笔者就我国的人口政策提出一些建议。

第一节　独生子女的非帕累托有效

由于独生子女制度造成了下一代人口的非自然减少，造成了一对夫妇将为四个老人养老的局面。由此而造成了现收现付制度的崩溃，也造成了我国和世界上大多数国家仍然保持的老年人的居家养老，子女给予必要的精神上的支持与身体上的照顾的良好模式的崩溃。尤其是很多的失独家庭，这些家庭的父母对于将来彻底失望。由于现在和即将走入老年的人们，正是"婴儿潮"时期出生的人，他们的数量之多和由此而造成的对于社会的影响不能不加以重视。

由于走向老年的人们在经济上和精神上对自己老年的生活充满忧虑，这样他们不得不寻求多储蓄以备自己老年在医疗、护理和养老院等费用上的需要。这样，就造成了在世代交叠模型中的过度储蓄，由此产生帕累托的非效率性。本来解决这一模型的非帕累托效率的方法就是由下一代来支付上一代退休后的需求，而再下一代又支付下一代的老年需求，这样进行下去，老年人就不用在他们工作时为退休后的生活而过多地储蓄。但是，这一帕累托改善是在人口不减少的前提下进行的。由于我们的独生子女制度，上一代的两个人，变成了下一代的一个人，人口的增长小于自然死亡的人口，我们的人口在不断减少，因此，下一代人的劳动养活不了上一代的人口，那么上一代势必还会用过度的储蓄以应对他们将来的养老之需，这样，就还会造成帕累托的无效率性。尤其是养老不但是金钱的问题，更是由年轻一代的劳动，生产出可以供自己一代，子女下一代及老年一代不能劳动的人所能消费的产出和服务的问题。相对于年轻一代，年老的一代数目过于庞大，整个经济的产出不足以支撑这样庞大的消费的话，就会面临非常大的困难。

抛开整个经济的问题不说，对于一个家庭来说，独生子女是否是最佳选择呢？在本书的非世代交叠模型中，独生子女也绝不是一个家庭关于子女数的最佳选择。在这里为了简单，令 $\beta(n) = \dfrac{n^{\gamma}}{1+n^{\gamma}}$，$0 < \gamma < 1$。

先证明 $\beta(n)$ 满足模型所需要的性质。

$$\beta(n) = \frac{n^{\gamma}}{1+n^{\gamma}} = 1 - \frac{1}{1+n^{\gamma}}$$

所以，$0 < \beta(n) < 1$。

$$\beta'(n) = \frac{\gamma n^{\gamma - 1}}{(1 + n^\gamma)^2}$$

得到

$\beta'(n) > 0$ 且当 $n \to 0$ 时，

$$\beta'(n) \to \infty$$

$$\beta''(n) = \frac{\gamma(\gamma - 1) n^{\gamma - 2} (1 + n^\gamma)^2 - 2\gamma^2 n^{2\gamma - 2} (1 + n^\gamma)}{(1 + n^\gamma)^4}$$

因为 $\gamma < 1$，因而

$$\beta''(n) < 0$$

这样，我们设置的 $\beta(n)$ 满足模型的要求。

在我们的模型中令 $n = 1$ 的话，生产函数变为

$$F(h, n) = F(h, 1) = Ah^\alpha (T - t_0)^{1 - \alpha}$$

而

$$F(h, n) - nh_1 = Ah^\alpha (T - t_0)^{1 - \alpha} - h_1$$

这里为了简单，令 $b_0 = 0$。

设 $u(c) = c$，考虑两个阶段的情况：

$$\max_{h_1} \{ Ah^\alpha (T - t_0)^{1 - \alpha} - h_1 + \frac{1}{2} [Ah_1^\alpha (T - t_0)^{1 - \alpha} - h_2] \}$$

得到一阶条件：$-1 + \frac{\alpha}{2} Ah_1^{\alpha - 1} (T - t_0)^{1 - \alpha} = 0$。解出

$$h_1^{\alpha - 1} = \frac{2}{\alpha A (T - t_0)^{1 - \alpha}}$$

及

$$h_1 = \left(\frac{2}{\alpha A \ (T - t_0)^{1-\alpha}} \right)^{\frac{-1}{1-\alpha}}$$

进一步，得到

$$h_1 = (T - t_0) \left(\frac{\alpha A}{2} \right)^{\frac{1}{1-\alpha}}$$

当 $n = 1$ 时，$\beta(1) = \frac{1}{2}$。由于我们各个世代都只能令 $n = 1$，则各个世代只能选择下一代的人力资本，也就是只能选择 h_1，所以各世代面临同样的选择，由于各世代都是合理的选择，也就是选择使上面的效用最大，因而必得到相同的人力资本 h_1。

下面看模型中代表主体的效用：

$$U = \sum_{t=1}^{\infty} \frac{1}{2^t} \left[Ah^\alpha \ (T - t_0)^{1-\alpha} - h \right]$$

得到

$$U = \sum_{t=1}^{\infty} \frac{1}{2^t} \left[Ah^\alpha \ (T - t_0)^{1-\alpha} - h \right]$$

$$= \frac{A^{\frac{1}{1-\alpha}} \left(\frac{\alpha}{2} \right)^{\frac{\alpha}{1-\alpha}} (T - t_0) - \left(\frac{\alpha A}{2} \right)^{\frac{1}{1-\alpha}} (T - t_0)}{1 - \frac{1}{2}}$$

$$= \frac{A^{\frac{1}{1-\alpha}} \left(\frac{\alpha}{2} \right)^{\frac{\alpha}{1-\alpha}} (T - t_0) \left(1 - \frac{\alpha}{2} \right)}{\frac{1}{2}}$$

$$= 2A^{\frac{1}{1-\alpha}} \left(\frac{\alpha}{2} \right)^{\frac{\alpha}{1-\alpha}} (T - t_0) \left(1 - \frac{\alpha}{2} \right)$$

如果，设 $n = 2$ 的话，会有

$$U = \sum_{t=1}^{\infty} [\beta(2)]^t [Ah^\alpha (T - 2t_0)^{1-\alpha} - h]$$

$$= \frac{A^{\frac{1}{1-\alpha}} \left(\frac{\alpha}{2}\right)^{\frac{\alpha}{1-\alpha}} (T - 2t_0) \left(1 - \frac{\alpha}{2}\right)}{1 - \beta(2)}$$

由

$$\beta(2) = \frac{2^\gamma}{1 + 2^\gamma}$$

得到

$$1 - \beta(2) = \frac{1}{1 + 2^\gamma}$$

代入上式，得到

$$U = (1 + 2^\gamma) A^{\frac{1}{1-\alpha}} \left(\frac{\alpha}{2}\right)^{\frac{\alpha}{1-\alpha}} (T - 2t_0) \left(1 - \frac{\alpha}{2}\right)$$

可以找到合适的 γ 使得

$$(1 + 2^\gamma)(T - 2t_0) > 2(T - t_0)$$

即，$T - 2t_0 > \dfrac{T}{2^\gamma}$。

例如当 γ 充分接近于 1 时，可以得到选择两个孩子的话，社会的效用会高于独生子女时。如果我们考虑外部性的问题的话，抚养两个孩子的时间就不再是 $2t_0$，而是小于 $2t_0$ 的时间，这样就更有可能使得生育两个孩子时的效用大于一个孩子时。在这里，外部性包括抚养第二个孩子时，因为有了前一个孩子的经验积累，就不会用那么多的精力，另外，两个孩子之间的交流，尤其是大孩子可以影响小的孩子，这样会减少大人抚育孩子所用的时间。

在本节中，除去独生子女政策造成的人口增长的不可持续，高龄化社会等毁灭性影响不提，只就经济上家庭的最优选择来说，一个孩子也并不是家庭的最佳选择。

第二节　对我国人口政策的建议

独生子女政策造成了我国人口上的不均衡，男女比例失调，孩子性格扭曲等不好的社会结果，因为不属于经济学的范畴，故不在此详述。我们只分析经济学上的影响。

1. 独生子女政策曾促进我国的经济增长

我国实行的计划生育政策，对于抑制我国人口的快速增长，提高教育水平特别是对提高农村女性的教育水平起到了很大的作用。在世界上的各先进国家使用提高出生率的刺激政策都并没有取得成功的情况下，被国外引为人口政策奏效的例子。

在第三章的模型中，在下方定常点的均衡中，使用了计划生育政策，就可以减少孩子的数量而提高下一期人力资本的数量，也就是把孩子的数量转化为重视孩子的质量，也就是让孩子接受更好的教育。而当教育水平（人力资本水平）达到一定程度时，女性的教育水平会提高（男女分工模型中的男性先受教育，女性再受教育的假设，虽然很适用于我国新中国成立前，妇女地位很低时，但对我国改革开放以前的农村也适用），这样有着高人力资本的女性会参加商品生产，而达到上方定常解。如果没有这样一个政策，也许我国的经济水平会长期停留在下方低人力资本、高出生率的水平上。因为实行了计划生育政策使我们可以达到高的定常点。也就是说，减少出生率的政策确实起到了使经济脱离贫穷的陷阱，帮助家庭选择高质量的子女来替代多子女的状况，从而提高了人力资本的水平，使经济走向高速增长的道路。

但是，在我国经济取得高速发展，同时社会也提前进入老龄化社会的现在，继续实行这一政策是否妥当呢？

2. 独生子女政策的弊病

独生子女政策造成了人口人为地快速减少，除了造成很多社会发展的问题外，对经济造成以下损失：

（1）技术发展需要众多的人口

关于技术进步和革新、发明等方面的研究表明，技术进步与人口呈正相关的关系。这就如同在第一章文献中 Galor 和 Weil（2000）所设定的 $g_{t+1} = g(e_t, L_t)$，其中 g_{t+1} 为 $t+1$ 期的技术进步，L_t 为 t 期的总人口，e_t 表示为了孩子的教育父母所付出的时间比例。$t+1$ 期的技术进步是 t 期人口的递增函数也是父母为孩子的教育所付出的时间比例的递增函数。那么，人口的大幅度减少势必会很大程度地影响我国技术进步的发展。

（2）劳动力的减少提升了劳动成本

由于年轻人的减少，造成劳动力的减少，由第一章第三节的模型，得到

$$w = \frac{\partial F}{\partial L}$$

我们可以计算

$$\frac{\partial^2 F}{\partial L^2} = \frac{\partial}{\partial L}[f(k) - kf'(k)]$$

$$= -f'(k)\frac{K}{L^2} + f'(k)\frac{K}{L^2} + kf''(k)\frac{K}{L^2}$$

$$= \frac{k^2}{L}f''(k)$$

其中，$k = \dfrac{K}{L}$，K 为资本，L 为人口。由 $f'' < 0$，得到工资关于劳动力是递减的。因此，劳动力的减少势必造成工资的上升，亦即生产成本的上升，也就是所说的人口红利的消失。

（3）内需需要年轻人的消费

维持低的出生率就意味着不断地减少年轻人的人口和减少年轻人的人口比例，而只有年轻人才需要成家立业，养育子女，只有他们才有很大的消费需求。而社会的人口中，年轻人占的比例很小的话，势必内需很小，那么，大量的产品只能依靠销售外国，依赖贸易出口，像日本那样。

（4）养老保障的难以为继

年轻人的减少，势必造成未来税金的减少，造成政府收入的减少。年轻人的收入和生产支撑了老年人的生活，如果年轻人的数量减少，则总收入就减少，现收现付的养老制度会难以为继。当然，年轻劳动力的减少会影响产出，使得老年人即使有钱，也没有足够的物资或服务来养老。

在这些主要方面，出生率的减少都对经济产生相当大的影响。那么，我们需要放开独生子女政策。但是，放开独生子女政策是否会导致人口的骤然增加呢？这是放松人口限制政策的最大障碍。在模型和实际的分析中，这种现象不会发生。有以下几个根据：

（1）由于女性受教育水平的提高，增加了女性进入高技术和较高管理部门的机会，也增加了孩子的机会成本。也由于女性受教育时间的延长使得她们晚婚、晚育，也缩短了女性的生育年限，同时增加了两代人之间的间隔年限。由第三章的命题3.6，在人力资本的较高水平上，也就是在女性人力资本的较高水平上，家庭选择少子女。

（2）教育费用和抚养费用的上升，使得家庭选择少子女。由于我国的改革开放和独生子女政策提高了人均收入水平，同时也使得孩子的教育费用和抚养成本上升。

（3）工作与生活的压力。在城市高房价和工作压力下，很多年轻人选择晚婚、晚育，也选择少子女。

（4）传统观念的崩溃。在我国有着养儿防老的传统观念，然而，由于独生子女政策而使得家庭养老不能实现，这样就失去了多子女的动机。

以上是根据模型和我国的情况得出的根据。另外，国外的经验也可以作为一个依据。在日本，战前也是多子女，大家庭类似我国情况。但战后，认为日本要进入高增长的话，日本现在的人口过多，所以进行了家庭计划选择合适的子女数的宣传运动，造成了出生率的下降，以后虽然想尽办法促使出生率上升，但都收效甚微。这一经验也说明，一旦出生率下降，由于社会、经济的发展，人力资本水平的上升、教育成本、养育成本的上升等都使得出生率很难恢复到原来的水平。所以我国应该尽快实行放开独生子女政策，实行只是提倡和鼓励计划生育的政策。

人口增长的转换需要很长的时期，所以，在实行了独生子女政策超过30年的现在，使我国在经济水平、科技水平还没有达到先进国家水平，就已经进入了老龄化社会，背上了养老的沉重包袱。如果不尽快改善出生率低的现象，在二三十年后，就会面临更大的养老难题。所以，我国应尽早放开独生子女政策，使现在年轻人的家庭能有两个孩子，以改善现在的年轻一代将来的养老问题，也使得中华民族能够永远繁衍、繁荣下去。

第五章　养老保障与养老保险

在这一章中，总结国外关于养老保障方面的研究文献的主要内容。因为本书应用动态经济模型来说明养老保障和养老保险的问题，因此本章也侧重于模型方面的文献的总结。

关于养老保障问题的研究，有很多书和论文。养老保障和养老金的问题，既是经济问题，又是关系到老年人与年轻人之间不同世代或同世代之间利益的问题，因而也是政治经济学的问题。在经济不发达时期，养老主要是通过家庭养老来实现的。例如，我国直到最近才改变的养老方式。作为父母与子女之间的世代间的互利，一直是我国文化和道德的基础。父母养育了子女，那么到晚年，他们不能劳动时，赡养他们是子女的义务。家庭过去既是劳动的单位，又是负责终老、照顾病痛的单位。这样，相当大地把社会的负担转移到各个家庭或个人，实际上是家庭或个人为社会分担了压力，而且也使得社会的老年与青年之间资源分配的问题平稳解决。但由于经济和社会的发展，家庭并不再是劳动的单位，当劳动与居住分离时，家庭内照顾父母就变得不是那么容易了。因此，有了老年赡养责任的变迁。而我国则是因为独生子女政策，一对夫妇要同时赡养四个老人，就使得家庭养老变得不再可能。

由于家庭养老的崩溃，而走向国家养老和社会养老的阶段。国家养老保障是由国家所承担的养老，个人年轻时缴费，年老时可以得到退休金，比如欧洲国家的养老制度等。我国实行计划经济时，也对国家职工实行国家养老。以低工资为交换，不必缴纳养老费用，老年时便可得到退休金。但20世纪70年代后，发达国家的国家养老模式遇到了资金困难的问题，我们国家也遇到同样的问题，而我们还有从计划经济转向市场经济的转轨问题。

这样，从国家养老阶段又走向社会养老的阶段。养老保险制度改革为形成公共基本养老保险、企业养老保险和个人自愿储蓄的商业养老保险等多种形式相结合的养老形式。

第一节 年金系统的功能

从经济学的角度去考虑养老金的问题，年金系统有以下几个作用。

第一，使得消费者可以适当选择各个时期不同的消费以达到一生效用的最大化。

消费者在考虑他们一生的效用时，就要选择在各个时期的消费来最大化他们一生的效用。养老金提供给消费者的这种选择，允许他们选择退休后想要达到的消费。

第二，保险的功能。

在一个确定性的情况下，消费者可以选择在他们工作期间储蓄来支撑他们退休后的消费。但人们面临一定范围的不确定性，包括他们要活多长时间等不确定性时，就很难确定他们应该储蓄的数量。一旦他们存活的时间比预想的要长时，就可能会花空他们的储蓄，相反，为了防止这个问题的出现而节省，就只消费掉储蓄的很少部分。这样，就不能达到个人一生效用的最大。虽然对于个人来说生存的长短是不确定的，但对于一个集团的人的生存期望却是很清晰的。这样，每个成员就会同意为年金而储蓄，并且以集团人的生命期望和对于年金的储蓄总量为准来领取年金。

个人把他们对于年金的积累，在退休后换取他们定期的收入以维持他们老年的生活。这样，就抵御了老年时花光积蓄的风险。世界上很多国家的年金也保护死亡前没有达到退休年龄的工人的配偶和子女，也包括对失去工作能力的残疾人的保障。

第三，减轻贫困的目的。

养老保障对一生贫穷、不能为他们的老年提供足够的储蓄的人提供最基本的生活费用，以减轻他们的贫穷。这可以针对所有老年人，也可以只针对曾供款到年金系统中的贫穷的老年人。

第四，再分配的目的。

年金系统针对低收入者可以以比高收入者要高的替代率来支付他们的退休金，这样就在同世代中实行了再分配。政府也可以对现在工作的世代减少供款，那么下一世代就要多供款或享受少的年金，这就是世代之间的再分配。年金系统还可以对家庭放更高的比重，例如，对于相同的供款，夫妇就可以得到比单身者高的年金。

第五，其他目的。

养老金对于经济发展、劳动市场有着很大影响。养老保障的巨大支出会影响政府在其他方面的支出，会造成税金的上升，而企业年金可以影响劳动市场的流动性。

那么，年金是否可以完全通过自愿储蓄和商业保险，没有政府的干预来完成呢？有两个原因使得年金系统需要政府的干预。（1）信息是不完全的，不确定性的风险和税金会错误地引导保费的制定。（2）年金具有其他的目的，例如，同世代之间的再分配和对残障人员的保障等。年金系统还可以在世代之间再分配，例如，政府可以减少现在世代的供款率，因而需要将来的世代更高的供款率或将来的世代领取低的年金。

由于人们的短视，在他们年轻的时候，不会想到老年时的需求，所以政府需要强制他们为了老年的生活而储蓄。而对于个人来说，他们对将来的短视程度不同，对于将来的效用他们就会有不同的贴现率，所以他们的储蓄也必然会不同。对将来重视的人会过多地储蓄，因而降低了他们一生的效用。如果减少储蓄而用于消费会提高他们一生的效用。设计不好的年金会对劳动市场产生逆向刺激，过度的年金支出会导致高税率，使得经济增长面临风险。

年金的分类

年金由在管理方法和在供款和福利方法上的不同而分类。

基金计划和现收现付计划

在完全的基金计划（funded scheme）中，年金是一个由其成员经过一些年积累的基金所购买的，而现收现付计划（pay－as－you－go，PAYG）中，年金是从现在的收入中支付的。

完全的基金计划

完全的基金计划是基于储蓄的。供款投资于金融资产（或可能的物力资本），收益作为计划的基金。若不存在个人之间再分配的话，当个人退休时，年金基金会有供款的本金、加上利息和分红的红利，这些积累会通过年金或其他的方式来支撑个人退休后的生活。

现收现付计划

现收现付计划通常是由国家或地方政府所经营的。一个供款者的权利是基于国家或地方政府的承诺，即若他现在供款的话，在将来可以领取年金的承诺。这承诺是相当严密的，通常被写在国家社会保障的条款中。

现收现付系统的一个主要含义是它放松了任意世代得到的福利要等于他的供款的限制。Samuelson（1958）证明了使用现收现付的计划在原理上，在总收入的增长率大大超过利息率时，每个世代领取超过他们的供款的年金是可能的。但这并还没有被长期的实证所证实。实际上，现收现付的实质是在世代之间重新分配和分散风险。

在现收现付计划和基金计划的相关长处上，在国际上存在相当多的争论。包括关于合适的基本经济模型，如怎样去对个人的行为模型化；关于劳动供给的弹性；关于国家机构能力的扩张；关于改革的政治经济，例如是否公民考虑他们的年金由政府的承诺如同他们自己的资本一样安全；在减少贫穷和使将来的消费顺利的年金的不同目的上所放的比重；等等。

供款与给付之间的关系

由供款与给付之间的关系，养老计划又分为既定供款计划（de-fined-contribution schemes）和既定给付计划（defined – benefit schemes）。

既定供款计划

既定供款计划也称个人基金账户，每个成员按他们收入的一定比例供款。这些供款用于购买资产，这些资产的收益也存在这个账户中，当年金开始时，这些账户中的资产通过年金或其他方法支撑成员的退休后消费。虽然年金针对长寿风险保护了个人的老年消费，但是纯既定供款计划却导致成员面对大范围的风险，例如，年金资产的实收益率的变动，将来收入变动的风险和将来年金价格变动的风险等。分散风险的办法有很多，例如，通过设定一个可以保证的最小年金，共同负担部分供款，或对资本市场的结果设立条款等。

既定给付计划

在一个既定给付计划中，年金不是基于个人的积累，而是基于他的工资历史。设计的关键是工资进入了给付的计算，在最后工资的计划中，年金是基于个人的最后一年或几年的工资而给付的。或者，年金可以基于个人在一个期间的工资，也可以扩展到用包括他整个工作经历的实际或相对工资来计算。无论哪种情况，一个人的年金，事实上，可以以直到他退休的工资为指数来计算。而个人的供款一般与他的工资成一定比例，这样在保证财政支出平衡的计划上，供款是内生变量。

既定给付计划可以由政府或雇佣者所经营。然而，政府的计划是由供款者提供资金的，逆风险的结果落在现在的供款者身上，当收益和支出不平衡时，政府转变给付也转变供款。这样的调整可以是自动的或者由改变特定的法律条文而实现。

而在雇佣者经营的计划中，年金资产收益的变更，风险落在雇佣者头上，因而落在工业的现在工人的组合上（通过工资率的影响）；它的股份拥有者和支付税金的人头上（通过利润效应），产品的消费者（通过价格效应）和过去或将来的工人头上。在实际操作中，公司的既定给付计划也可以根据金融结果去调整现在和将来的给付。既定供款计划与既定给付计划关键的不同在于怎样广泛分散风险。

抽象既定供款计划（notional defined-contribution schemes，NDCS）

最近，国际上发明的纯抽象既定供款计划在用给付方面的调整来分散风险的特点上相似于纯既定供款计划年金，但这一计划不是完全由基金计划来筹集资金，还可能完全由现收现付来完成，在这一点上又与既定给付计划不同。抽象既定供款计划在以下几个方面与既定供款计划相似。

每个个人以他收入的一定比例供款到抽象的个人账户，这个账户的积累被给予有保证的政府特定的抽象利息率，这个利息率按账户可以购买的资产的情况而定。即政府假设存在这样一个金融资产的积累，账户的存款数目只是为了记录，而不是真的拥有这样一个相匹配的金融资产。

在退休时，以年金给付的现在价值等于用抽象的利息率作为贴现率的年金的抽象积累的现在价值的精算学原理，把个人的抽象积累转换为一个年金。

这种抽象既定供款计划模拟了既定供款计划，在个人的期望生存的期间内收入的现在价值等于个人退休时的积累，只是使用政府规定的利率，而不是市场的利率来计算。如同既定供款计划中那样，在计算中可以有多种方法去嵌入再分配的元素，包括设立最小年金以保证退休后的消费，或对那些因为养育子女或失业而离开劳动市场的人的供款计划加以补助。

第二节 年金对经济的影响

年金对经济的影响是经济学家们所密切关注的事情。

1. 产出是关键的

老年不能劳动的人们要想维持老年的消费，那就只能有两个办法，年轻时储备老年生活所必需的东西，但有些是不可能的。例如，老年所需的医疗，有些虽能储存但成本是很高的。那么，另一个办法就是从子女、雇佣者或政府那里得到养老的承诺。这并不只是钱的问题，而是得到年轻人生产的商品。所以，老年人的养老就必定会对经济有所影响。

2. 基金计划是建立在金融资产的积累上的，而现收现付计划是建立在承诺上的

不完全信息和不完全的决定是普遍的信息，是不完全的，消费者要在信息不完全的情况下，对将来的问题做出决策。因此，这一决策一定是不完全的。

3. 年金计划面对大量难以预测的风险

（1）宏观经济的冲击影响年金的产出、价格。

（2）人口冲击通过市场价格、数量和年金给付请求，而影响所有年金计划。

（3）政治风险影响所有的年金计划，因为年金计划需要一个有效的政府。

（4）管理风险：通过不完全竞争或欺瞒会产生管理风险，这些信息不完全的消费者一般不能有效地掌握和控制。

（5）投资风险：私人和公共年金在退休前是投资于证券市场的，受市场波动影响。

（6）年金市场风险：对于个人的积累，年金的价值依赖于剩余的寿命期望和在这些年中保险公司的收益率（即也是一种投资风险）。

私人保险市场可以帮助个人承受为退休后的准备而来的风险。但是，存在着逆选择，销售成本，消费者做出正确决定能力的局限，风险分散的不完全市场等限制。逆选择的成本可以通过降低年金，由年金领取者承担，通过提高供款，由在职者承担。

年金计划存在着记账，转换资产或购买年金的成本，不同的年金方法有不同的成本存在。

年金对劳动市场的影响

公司使用年金来吸引和留住被雇佣者。尤其当年金与工作年限和最终几年的工资挂钩时，对雇佣者来说一直留在公司是明智的选择。

这样的年金计划会产生以下问题：第一，当工人年轻时，考虑到年金与年轻时的工资关系不大。因此，不愿意承担较重的劳动，或较长时间的劳动；反之，为了将来高工资的获得，为了晋升到高职位而过分工作。第二，当工人年老时，他们为了提高最后一年或几年的工资而加班劳动，从而造成事故的根源。

第三个问题是在既定给付计划中，企业年金设定的主要目的是将工人固定在企业中，但是在现代经济中，造成劳动流动性的有效成本的妨碍。

第四个问题与年金收入的分配相关，它使得那些收入很快上升的人受益，特别是在工作年限的后些年里快速上升的人受益。由于高收入的人倾向于更快地提高收入，这样决定年金的分配，被认为是不公平的。由于这些原因，在企业年金中，工人的年金应依赖于差不多所有的工资的历史。

国家的计划因为相同的原因面临同样的问题。在一个单纯的公司中，这些影响可以由公司对其他事情的控制来解决，例如，将年金建立在基本收入而非事实收入上。而在国家的系统中，政府在整个经济上并没有相似的控制。这样，一旦社会保障管理具有这样的管理能力的话，国家系统的给付也应建立在工人的差不多整个的收入历史上。

有这样的争论：在供款与给付之间严格的精算关系是最佳的，基金的既定供款计划最接近于精算的公平系统，所以劳动市场的扭曲应该是低的，它改善供款条件，鼓励了晚退休。

在针对个人在年轻时与年老时消费的选择方面，基金的既定供款计划是有效率的。但是实际上，消费者的选择是建立在消费者本身的短视、不完全的信息上面的，合理效用最大化的假设就不成立。另外，市场的问题，指数契约（indexed contract）的市场很小，不完全信息的保险市场需要劳动市场扭曲的决定来建立保险。税金也是扭曲有效性的问题。

在使老年的消费能平稳进行的目的之外，年金还有减少贫困等目的，要达到其他目的就不可避免地要伴随市场的扭曲，所以只是使劳动市场的扭曲达到最小，并不是年金的目的。因此，精算给付并不使劳动市场的扭曲最小化，而最小化劳动市场扭曲也并不是正确的目标。政策要在有效针对年金计划的各种目标上，使劳动市场达到均衡。

分配的影响

相对于伴随资本市场的私人保险市场为了分散风险而设计，而公共年金系统可以改善风险的分散，用市场所不能进行的方法把风险分散。进一步说，私人的保险市场服从某些重要的限制，但公共年金却可以克服这些限制。

退休的年龄与失业

普遍的看法，早期退休会改善失业一般来说是不正确的。从欧洲的情况来看，近些年不断提前退休的年龄，但失业率没有显示出减少的趋向。但晚退休、晚领取年金对于长寿风险的回避却很重要。好的年金系统应鼓励愿意继续工作的人在愿意早退休的人已领取年金的年龄仍继续工作。公司可以给工人多或少的给付去针对早退休，也可以给工人多的年金去鼓励晚退休。

基金计划与储蓄的关系

工人被强制供款到基金账户中的话，由于责任供款的增加，可能减少自愿储蓄的数量。这种情况下，导入一个有责任供款的基金账户计划，可能对总的储蓄没有什么影响，也有可能工人继续自愿储蓄，从而增加国家的储蓄。这个影响是复杂的。总之，增加强制的账户供款会有以下的影响：一是增加国家的储蓄，二是增加投资，三是提高产出。这几个影响并不是简单地结合，它们之间的关系比较复杂。

从现收现付计划到基金供款计划的转向

从现收现付计划到基金计划的转向，并不总是不好的政策，但是，不能简单地用比较收益率来分析。

从现收现付计划向基金计划的转变需要记账等成本。

需要分析这个转变是否对已退休和正在准备退休的人有利。

分配的问题

风险分散

在纯既定供款计划中，个人年金是由他生涯的年金积累来决定的。他面对宏观经济冲击、人口冲击、政治冲击，管理风险、投资风险和年金市场风险。

而既定给付计划要面临更大范围的风险。一个人的年金要一直与他的工资相关联，直到他退休。

社会的保险风险会更广泛地分散。逆选择问题的成本可以由年金者通过低的每月年金或者缩短退休期间来负担，若年金债券可以借贷的话，也可以通过高的供款或由将来的年金或供款者来负担。

总之，年金有多种目的，虽然各种目的所占的比重不同，但是制定政策时需要考虑同时达到各种目的要达到的目标。

年金的公式化的政策在使消费者年轻时与年老时的消费平滑进行，达到生涯的效用最大这个框架中是简单的，但是在主要市场不完全的情况下，会引导政策设计做出不好的决策。劳动市场影响的分析，是在次好的框架下分析的。

从现收现付计划向基金计划的转向，依赖于国家的制定，可能改善社会福利，也可能改善不了社会福利。关于这一转向的分析需要更多地考虑从一个均衡点向另一个均衡点移动的成本，而不只是简单地把两个均衡点进行比较。也需要考虑所面临的风险的不同，包括风险分布的不同，管理成本的不同和分配效果的不同。

下面，以 OECD 国家为例，考虑养老金改革的问题。维持老年消费的两种办法：基金系统（funding system）和现收现付制度（pay - as - you - go，PAYG）。

基金系统：投资于资本市场或政府的债券，利息与分红与本金用于年金的交付。

在 OECD 国家中现收现付系统是公共年金管理最普遍的方法。

较低的纯替代率和较高的基本年金表明了其重要的动机是在于一个世代间的再分配，而高的替代率则表明了其保险的动机是重要的。

年金系统的经济模型

OLG 模型

两个重要特点：考虑公共年金对于个人的生命循环所作的选择（例如为了退休而进行的私人储蓄）而产生的影响。个人在给定的时间点上是位于不同的人生阶段的。其间之间的消费选择实际上强调了总储蓄和资本积累在决定长期社会产出上的作用。这一模型在分析不同公共年金系统对个人退休储蓄、资本积累及社会福利的影响上也是很有用的。

效用函数为

$$u(c_t^0, c_{t+1}^1) = u(c_t^0) + \beta u(c_{t+1}^1) \tag{5.1}$$

如基本模型中一样，c_t^0 表示 t 世代年轻时的消费，而 c_{t+1}^1 则表示 t 世代年老时的消费，$0 < \beta < 1$ 是贴现率，反映了短视的程度。个人在 t 期的预算约束为：

$$s_t + c_t^0 = w_t - \tau$$

这里，s_t 表示个人在 t 期的储蓄，w_t 表示个人的工资，假设每个人拥有 1 单位的劳动，而 τ 则表示个人为公共年金而交的税金。

个人在 $t+1$ 期的预算约束为

$$c_{t+1}^1 = (1 + r_{t+1}) s_t + B$$

其中，$1 + r_{t+1}$ 表示 $t+1$ 期的利息，B 为个人年老时所得的年金给付。

前一个预算约束为个人在 t 期的可支出收入全部用于这一期的消费和储蓄，而第二个约束式则表示储蓄的本利和年金都用于老年的消费。

从两个约束式可以得到

$$c_t^0 + \frac{c_{t+1}^1}{1 + r_{t+1}} = w_t - \tau + \frac{B}{1 + r_{t+1}} \equiv A_t \tag{5.2}$$

而 A_t 由定义可以知道是 t 世代的个人一生的财富在 t 期的贴现值。无论年金系统是由基金计划还是由现收现付计划来筹款和支付的，这个限制式都是成立的。这一系统通过 B，τ，工资 w 和利息率 r_{t+1} 来影响个人的行动。

在式（5.2）的限制下，而使式（5.1）达到最大，把两个预算约束代入效用函数：

$$u(w_t - \tau - s_t) + \beta u[(1 + r_{t+1})s_t + B]$$

决定储蓄 s_t 使得效用达到最大，得到一阶条件：

$$-u'(c_t^0) + (1 + r_{t+1})\beta u'(c_{t+1}^1) = 0$$

即

$$\frac{u'(c_t^0)}{u'(c_{t+1}^1)} = \beta(1 + r_{t+1}) \tag{5.3}$$

更特别地，设 $u(c) = \ln c$ 的话，则式（5.3）式变为

$$c_{t+1}^1 = \beta(1 + r_{t+1})c_t^0 \tag{5.4}$$

而储蓄则为

$$s_t = w_t - \tau - c_t^0$$
$$= w_t - \tau - \frac{c_{t+1}^1}{\beta(1 + r_{t+1})}$$
$$= w_t - \tau - \frac{s_t}{\beta} - \frac{B}{\beta(1 + r_{t+1})}$$

由此得到

$$(1 + \frac{1}{\beta})s_t = w_t - \tau - \frac{B}{\beta(1 + r_{t+1})}$$

得到

$$s_t = \frac{\beta(w_t - \tau)}{1 + \beta} - \frac{B}{(1 + \beta)(1 + r_{t+1})} \tag{5.5}$$

最佳储蓄是工资 w_t，税金 τ，利息率 r_{t+1} 和年金给付 B 的函数。工资与利息率的增加导致个人储蓄的上升，而年金给付与税金的上升导致个人储蓄的降低。这可以解释为工资的增加和税金的增加对老年的消费产生收入效应。而利息率的上升使得在年轻时期与年老时期的消费之间产生替代效应，使得个人减少年轻时的消费，而用于储蓄，从而增加老年期的消费。

在生产方面，企业使利润最大化，如同第一章世代交叠基本模型中，令生产函数为

$$F(K_t, L_t)$$

为一次齐次函数。由一次齐次函数的定义，它可以表示为

$$F(K_t, L_t) = L_t F(k_t, 1)$$

其中，$k_t \equiv \dfrac{K_t}{L_t}$。令

$$F(k, 1) = f(k)$$

假设 $f'(k) > 0$，$f''(k) < 0$。

则我们可以把生产函数表示为

$$F(K_t, L_t) = L_t f(k_t)$$

利润函数为

$$F(K_t, L_t) - r_t K_t - w_t L_t$$

由利润最大化一阶条件，得到

$$\frac{\partial}{\partial K} F(K_t, L_t) = r_t$$

及

$$\frac{\partial}{\partial L}F(K_t,L_t)=w_t$$

由计算，

$$\frac{\partial}{\partial K}F(K_t,L_t)=L_tf'(k_t)\frac{1}{L_t}=f'(k_t)$$

因而，得到

$$r_t=f'(k_t) \tag{5.6}$$

再计算

$$\frac{\partial}{\partial L}F(K_t,L_t)=f(k_t)+L_tf'(k_t)\left(-\frac{K_t}{L_t^2}\right)$$

$$=f(k_t)-k_tf'(k_t)$$

因而，得到

$$w_t=f(k_t)-k_tf'(k_t) \tag{5.7}$$

这样工资与利息率都由资本与劳动的比率所决定。

在世代交叠模型中的公共年金系统

以下对上一节所说的不同年金系统进行模型的分析。

政府导入一个现收现付年金系统或一个基金筹款年金系统，每个个人通过社会保险税在年轻时供款到年金系统中。由于假设 t 世代的总人口为 L_t，所以 t 世代的总供款为 τL_t。

由于供款被年金计划用于购买资本，所以从 $t+1$ 期开始，年金用于投资的资本数额为

$$K_{t+1}^p=\tau L_t$$

其中，K_{t+1}^p 表示从 $t+1$ 期开始，由年金系统所投资的总资本。这项投资在 $t+1$ 期的收益为

$$(1 + r_{t+1}) K_{t+1}^p = (1 + r_{t+1}) \tau L_t$$

用于购买年金，那么，每个个人得到的年金数额为

$$B = (1 + r_{t+1}) \tau \tag{5.8}$$

而对于现收现付系统，这个系统没有资本的参与，它依赖于年轻一代的供款来给付年老一代的年金。年轻一代的总供款为 τL_{t+1}，而年老一代的总给付为 BL_t。为使收支平衡，应有

$$BL_t = \tau L_{t+1} = \tau (1 + n) L_t$$

所以，得到

$$B = \tau (1 + n) \tag{5.9}$$

由于 t 世代的个人在两个系统中都供款 τ，如果 $r_{t+1} < n$，则现收现付计划要好于基金计划，如果 $n < r_{t+1}$ 的话，则基金计划要好于现收现付计划。所以，比较两个年金系统 t 世代的福利要依赖于人口的增长与利息率的比较。在我国因为实行独生子女政策，人口应是负增长的，所以 $n < 0$，现收现付制度必定难以为继。

当人口增长率很低时，或者年老一代要领取很少的年金，远低于他们所交的税金的本利，或者年青一代要多交税金以维持老年一代的年金给付。

资本市场的均衡

资本市场在决定两种年金方式时起了很大作用。在现收现付系统中

没有任何资本，在资本市场的均衡为

$$K_{t+1} = L_t s_t$$

由人均资本的形式，可以写成

$$k_{t+1} = \frac{s_t}{1+n} \qquad (5.10)$$

其中，$k_{t+1} = \frac{K_{t+1}}{L_{t+1}}$。

而基金筹款方式，在资本市场上的资本为

$$K_{t+1} = L_t s_t + L_t \tau$$

令 K_{t+1}^p 表示在 t 期的总年金供款，则

$$k_{t+1} = \frac{s_t}{1+n} + k_{t+1}^p \qquad (5.11)$$

其中，$k_{t+1}^p = \frac{\tau}{1+n}$。

从以上两种年金方式的比较，可知现收现付制并不影响总资本，但是基金债券的方式却影响总资本，即影响投资。仅从这里还不能比较两种方式的总投资到底哪个大些，因为两种方式得到的最佳储蓄也就是 s_t，是不相同的，所以仅从这里来无法比较总投资的大小。

那么，我们寄希望于考虑两种情况的定常状态。

定常均衡

在这里考虑产出与劳动，资本与劳动投入的比率在各世代都是相同的状态，由于利息率是由资本—劳动投入比率所决定的，因而，利息率在各世代也是相同的定常状态。

假设生产函数为柯布—道格拉斯函数，

$$F(K_t, L_t) = K_t^\alpha L_t^{1-\alpha}$$

则

$$f(k_t) = k_t^\alpha$$

首先，考虑没有年金时的情况。在均衡情况下，

$$s_t L_t = K_{t+1}$$

即

$$s_t = (1+n) k_{t+1} \tag{5.12}$$

又由效用最大化条件，设效用函数为 $u(c) = \ln c$，得到（5.4）式

$$c_{t+1}^1 = \beta(1 + r_{t+1}) c_t^0$$

（其中 $\beta = 0$）

代入 $t+1$ 期的预算约束式，得到

$$s_t = \beta(w_t - s_t)$$

因而，

$$s_t = \frac{\beta w_t}{1+\beta} \tag{5.13}$$

代入均衡表示式（5.11），得到

$$\frac{\beta w_t}{1+\beta} = (1+n) k_{t+1} \tag{5.14}$$

而由 $w_t = f(k_t) - k_t f'(k_t)$ 及 $f(k_t) = k_t^\alpha$，得到

$$\beta(1-\alpha) k_t^\alpha = (1+n)(1+\beta) k_{t+1} \tag{5.15}$$

由定常点的定义，应有

$$k_t = k_{t+1} = \cdots = k$$

我们得到

$$k^{\alpha-1} = \frac{(1+n)(1+\beta)}{\beta(1-\alpha)}$$

从而得到

$$k^* = \left[\frac{\beta(1-\alpha)}{(1+n)(1+\beta)}\right]^{\frac{1}{1-\alpha}} \tag{5.16}$$

那么，考虑当年金存在的情况。先考虑现收现付的情况。在这种情况下，有式（5.5）

$$s_t = \frac{\beta(w_t - \tau)}{1+\beta} - \frac{B}{(1+\beta)(1+r_{t+1})}$$

成立，其中，$B = (1+n)\tau$。代入上式，得到

$$s_t = \frac{\beta w_t}{1+\beta} - \frac{(\beta + \frac{1+n}{1+r_{t+1}})\tau}{1+\beta} \tag{5.17}$$

当 $\frac{1+n}{1+r_{t+1}} < 1$ 时，即 $r_{t+1} > n$ 时应有

$$\frac{\beta + \frac{1+n}{1+r_{t+1}}}{1+\beta} < 1$$

从这个式子可以看到，当利息率大于人口增长率时，因为年金而付出的税金，个人要减少他为了老年消费所做的储蓄，但是减少的量要小于税金的量。也就是说，因为下一代的人口增长率没有达到利息率时，要达到老年期的最佳消费水平，消费者还要减少他们年轻时的消费，增加储蓄。

当没有年金存在时，我们前面得到最佳储蓄为式（5.13）

$$s_t = \frac{\beta w_t}{1+\beta}$$

而当处于定常状态时 $k_t \equiv k^*$，因此

$$w_t \equiv f(k^*) - k^* f'(k^*) = w^*$$

得到 s_t 也为常数

$$s_t \equiv s^* = \frac{\beta w^*}{1+\beta} \tag{5.18}$$

考虑现收现付年金时的情况，与没有年金时同样，由（5.10），均衡时有

$$s^{**} = (1+n)k^{**} \tag{5.19}$$

把式（5.17）代入均衡点的值，得到

$$s^{**} = \frac{\beta w^{**}}{1+\beta} - \frac{(\beta + \frac{1+n}{1+r^{**}})\tau}{1+\beta} \tag{5.20}$$

把式（5.20）代入式（5.19），得到

$$(1+n)k^{**} = \frac{\beta w^{**}}{1+\beta} - \frac{(\beta + \frac{1+n}{1+r^{**}})\tau}{1+\beta}$$

上式表示为

$$(1+n) = \frac{1}{k^{**}}\left\{ \frac{\beta[f(k^{**}) - k^{**}f'(k^{**})]}{1+\beta} - \frac{(\beta + \frac{1+n}{1+r^{**}})\tau}{1+\beta} \right\} \tag{5.21}$$

而比较没有年金时，定常均衡

$$(1 + n) = \frac{1}{k^*} \frac{\beta[f(k^*) - k^* f'(k^*)]}{1 + \beta} \quad (5.22)$$

下面考虑基金计划的情况。由式（5.5），最佳储蓄应满足

$$s_t = \frac{\beta w_t}{1 + \beta} - \frac{B}{(1 + \beta)(1 + r_{t+1})}$$

而

$$B = (1 + r_{t+1})\tau$$

得到

$$s_t = \frac{\beta(w_t - \tau)}{1 + \beta} - \frac{\tau}{1 + \beta} = \frac{\beta w_t}{1 + \beta} - \tau \quad (5.23)$$

由前面得到的，

$$k_{t+1} = \frac{s_t}{1 + n} + k_{t+1}^p$$

及

$$k_{t+1}^p = \frac{\tau}{1 + n}$$

可以得到

$$k_{t+1} = \frac{(\frac{\beta w_t}{1 + \beta} - \tau)}{1 + n} + \frac{\tau}{1 + n} = \frac{\beta w_t}{(1 + n)(1 + \beta)} \quad (5.24)$$

与没有年金时的均衡表示式（5.14）比较，可以看到，基金计划并不改变人均资本，个人会从自己的私人储蓄那里减少基金积累用于购买年金的税金部分。所以，基金计划对资本积累并没有影响。

在定常均衡，应有 $w_t = w^{***}$，得到

$$k^{***} = \frac{\beta w^{***}}{(1+n)(1+\beta)} = \frac{\beta(1-\alpha)k^{***\alpha}}{(1+n)(1+\beta)}$$

解这一方程，得到

$$k^{***} = \left[\frac{\beta(1-\alpha)}{(1+n)(1+\beta)}\right]^{\frac{1}{1-\alpha}}$$

比较没有年金时均衡的（5.16）式，可以看到，基金计划也并不改变长期人均资本。

那么，现收现付计划呢？同样设 $f(k) = k^{\alpha}$，可以得到在现收现付计划的定常点，有

$$(1+n)k^{**} = \frac{\beta(1-\alpha)k^{**\alpha}}{1+\beta} - \frac{\beta + \dfrac{1+n}{1+r_{t+1}}}{1+\beta}\tau$$

进一步，有

$$(1+n)k^{**} < \frac{\beta(1-\alpha)k^{**\alpha}}{1+\beta}$$

及

$$k^{**} < \left[\frac{\beta(1-\alpha)}{(1+\beta)(1+n)}\right]^{\frac{1}{1-\alpha}}$$

我们得到，在长期均衡中，现收现付计划会降低人均资本。很明显会得到这样的结果，因为虽然由于年金的税金的影响在基金制年金时，个人也会减少相同数额的私人储蓄，但是减少的部分又全部投资到了资本市场，所以，总资本并没有变化。而在现收现付计划中，个人也由于年金所征收的税金的影响而减少一部分私人储蓄，但减少的部分直接转为上一代的年金给付，并没有进入资本市场而投资，因而总资本减少，

所以长期的人均资本就减少了。

考虑现收现付年金情况下的长期储蓄

$$s^{**} = \frac{\beta w^{**}}{1+\beta} - \frac{(\beta + \frac{1+n}{1+r^{**}})\tau}{1+\beta}$$

当 $n = r^{**}$ 时，应有

$$s^{**} = \frac{\beta}{1+\beta} w^{**} - \tau$$

这时，由于社会保险税的征收而使得个人按一对一的比例减少私人储蓄，因而导致较低的定常均衡资本与劳动比率。

动态效率性

下面考虑社会福利的问题。考虑这一问题，我们需要一个基础模型来考虑世代交叠模型中的黄金法则。黄金法则就是使定常消费达到最大时的定常人均资本的值。在定常状态下，由于人均资本是不变的，因而，工资和利息也不再发生改变。由于定常状态下，年轻与老年消费的选择是由工资和利息所限制的，所以对任何世代来说，年轻时期与年老时期的消费都是相同的。

而在同一个时期内，同时存在着上一代（$t-1$）的老年人，他们老年时每个人的消费由 c^1 来表示的话，则他们在 t 世代的总消费为 $c^1 L_{t-1}$。所以，t 期的总消费为 $c^0 L_t + c^1 L_{t-1}$，其中，由于 c^0 为 t 期的每个人在 t 期的消费，所以第一项为 t 期在 t 期的总消费，而后一项为 $t-1$ 期在 t 期的总消费，那么 t 期的生产要支撑这一期的总消费。可以得到在 t 期的以 t 期出生人口为准的人均消费为 $c^0 + c^1 \frac{L_{t-1}}{L_t}$，即 $c^0 + \frac{c^1}{1+n}$。

要使在两个期间内的人均消费 $c^0 + \frac{c^1}{1+n}$ 达到最大。在定常点 k，消费应

被限制在不大于 $f(k) - nk$ 的限制下。这里 $f(k)$ 是产出，而 nk 为人口增长的部分，要达到定常人均资本应该添加的资本。要达到人均消费最大，应该使限制达到最大，即人均资本应满足

$$f'(k^g) = n$$

仍设 $f(k) = k^\alpha$，则有

$$(k^g)^{(\alpha - 1)} = \frac{n}{\alpha}$$

得到

$$k^g = \left(\frac{\alpha}{n}\right)^{\frac{1}{1-\alpha}}$$

比较没有年金和基金计划下的人均资本的定常值

$$k^* = \left(\frac{\beta(1-\alpha)}{(1+n)(1+\beta)}\right)^{\frac{1}{1-\alpha}}$$

当 $\alpha \geq \frac{1}{2}$ 时，有 $\frac{\alpha}{1-\alpha} \geq 1$。因而，在竞争均衡下，仍然可以产生过多资本积累，定常资本会大丁黄金法则的资本。当 $n > r$ 时，减少 1 单位的投资，把它用于消费的话，可以提高效用，然后在老年时，由年轻一代提供 1 单位给年老一代的话，由于 $n > r$，每个年轻人提供 1 单位的话，则有 L_{t+1} 1 单位，分给年老一代的话，平均每个人得到

$$\frac{L_{t+1}}{L_1} = 1 + n > 1 + r$$

则年老一代在老年时会得到比利息更高的收益。而年轻一代付出的 1 单位也可由再下一代来付给他们。这就存在着帕累托改善。

所以现收现付年金系统实行年轻一代到年老一代之间的代际交换而

得到帕累托改善。但是基金系统却不能达到帕累托改善的效果。

退休决定

为了退休以后的生活而储蓄的决定是人们一生中在不同时间选择合适的消费的决定中的一个，而何时退休也是另一个要选择的问题。在OECD 国家退休的年龄低于他们领取公共退休金的年龄。早期退休的动机依赖于年金的设定，工作时间越长，交的税金越多，若并没有在老年得到相应更高的退休利益时，人们会选择早退休。

现收现付年金计划与基金年金计划的等价性如果个人表现为父母是爱护孩子的，经常关心孩子的福利，这样可以用下面的模型来说明。T 世代的效用部分地依赖于他的子女的效用，可以将孩子的效用放到父母的效用函数中，即

$$u_t(c_t^0, c_{t+1}^1, u_{t+1})$$

这样，各世代被联系在一起，如同一个人可以生存无限时间一样。现收现付年金计划的导入，强迫孩子对他们的父母的财富的转移，但如果父母充分照顾孩子的话，他们会增加给孩子的遗产，因而完全抹杀年金系统的影响，现收现付年金系统与基金系统所达到的竞争均衡就相同。

同世代的再分配与保险

这里忽略了年金收入怎样在一个世代内的分配和不确定性起了什么作用的问题。年金的分配有多种不同的方法，是否有工作年数的限制，或者年金的数额与收入无关等。

由于个人面临伴随他们人生的大量不能被市场所解决的风险，因而产生了保险的动机。而这些风险中最重要的是长寿风险。为了退休而储蓄的个人，可能会活过他所估计的年数，从而花光他的储蓄。在理论

上，他可以由购买年金来解决，但实际上，年金市场并不是那么健全的。这是由于逆选择的缘故，因为个人有私人的健康状况的信息，所以若年金以平均年金风险来定价的话，只有那些认为自己可以活得很长的人才会买年金。这会使价格上升，使得市场崩溃。

而公共年金由强制所有的个人在反映了平均风险的价格上买年金，就可以避免以上的事情发生。事实上，这强制造成了一个联营均衡。把低于平均年龄而死的人的收入转给了高于平均年龄的人。这也是再分配的一个特殊形式。因为存在着死亡与收入的一个密切关系：富裕的人倾向于活得长久，并从公共年金中受益。

针对长寿风险的保险，就要求公共年金要与过去的收入相关联。

若现收现付系统提供一个与收入无关的年金给付，很多人会选择私人储蓄，相反地，若现收现付系统提供与收入相关的年金给付则私人储蓄会降低。

可持续性

现收现付年金计划能否持续下去，关键看老年依存比率。这一比率被定义为65岁及以上人口占15～64岁人口的比例。预计到2050年日本将是71.3%，而美国将是34.9%。人口的变化和失业使得老年依存比率上升。很多国家采取延长工作年限，即推迟领取养老金年龄，提高供款率等来维持现收现付年金系统。

社会保障的政治经济

从政治经济学的观点来看，年金系统是互相争斗的选民，特殊利益集团与政治家们在政治市场上均衡的结果。

如前面所说，在世代交叠的情况下，只靠个人储蓄来养老的话，会造成储蓄过高的无效率的情况，而现收现付计划会改善这种状况，所以，对所有选民来说，无论年老或年轻都会支持这个计划。对于年轻人来说，他们常常收入较低，因而，当现收现付计划是有益于低收入者时，年轻人会更支持这个计划。

老年人可以利用各种手段去阻止年金现收现付计划的改革。在很多国家中，由于老年人有很大的政治影响，所以现收现付计划的改革会很难实行。

把现收现付计划作为社会契约。如果你在年轻时不供款到年金系统的话，年老时就得不到年金，若定下这样的契约的话，由博弈论的结果，各代人就不会撕毁条约。

第三节　年金的改革

在 OECD 国家，对现收现付系统采取三种形式的改革：参数改革，精算改革和导入基金系统。

参数改革

参数改革集中于改变现收现付系统中重要的参数上：改变供款率、依赖率和替代率。

设供款率为 τ_t。令

$$\tau_t = \left(\frac{L_t}{L_{t+1}}\right)\left(\frac{B_t}{w_t}\right)$$

其中，$\frac{L_t}{L_{t+1}}$ 为依赖率，$\frac{B_t}{w_t}$ 为平均替代率。由于老龄化而造成的依赖率的上升，可以由增加供款率和减少替代率来消除。而减少年金给付必将影响老年人的利益，而增加供款率会损害年轻人的利益。所以，在不同人群的利益方面的争斗涉及政治，因而很多国家年金改革进展得很缓慢。

精算改革

精算改革保持了现收现付年金系统的基本构造，但目的在于复制基金系统的重要性质。这个系统使其免除逆人口倾向。在基金系统中，年金给付依赖于这个系统内的供款，依赖于这些供款在资本市场得到的收益。在现收现付系统构造中，统计集团的供款的收益率与将来供款的预测有某些相似之处。若给付（和潜在的收益）自动地朝着人口变化的倾向上调整的话，就使得年金系统得以持续下去。也就是导入一个合适的设计的"定义的供款"要素可以使得现收现付系统持续下去。

导入基金制的改革

一个更加大范围的年金改革是用基金年金系统的一些变化的形式来替代现收现付系统。导入基金系统的很大益处在于它得出了显在的将来债务，而在现收现付系统中将来的债务是潜在的。

更加重大的改革为"清除—切断"（clean-break）基金。它涉及现金清算所有存在的现收现付年金计划的加入者，而给他们相应的权利转入完全的基金系统。这一改革的成本是相当大的。要取得成功需要政府发行债券（从将来的世代借贷）去偿付这一改革的财政成本。还有政治问题，改革时年青一代要为他们和他们的父母来付年金。

另一种改革的方法是当新的劳动力加入系统时，使用基金的方法，而以前使用旧的现收现付方法，直到老的全部退休才转换为全部用基金的方法。这样虽然有一个长的转换路径，但避免了"清除—切断"的费用。

义务性的年金不一定要由政府来管理，也可以由私人竞争的机构管理，政府扮演管制的角色。如英国的情况。

不同的改革

有三种改革，一是晚退休；二是成本抑制，由减少年金给付和改变物价变动公式来达到；三是达成目标改革，目的在于把领取公共年金的初老人口的比例下降到30%，而保持替代率不变。作为这种改革的结果，公共年金更集中于低收入年金者。

OECD 国家的经验

在 OECD 国家中，参数改革最为普遍，而精算改革并不太普遍。

参数改革以降低替代率和退休年龄的增加为共同特征。在瑞典，1994 年就把替代率从65%降到了55%。很多国家增加了用于估算年金给付额的供款期间的长度，如法国，在 1993 年的改革中，就把全年金的领取资格从供款37.5 年增加到40 年。同时，把用于计算年金给付的雇佣历史中的年数从10 年提高到25 年。很多国家也增加了供款率，如日本，要每五年把供款率提高 2.5%，直到 2020 年供款率达到 29.5% 为止。

精算改革没有那么普遍，但有些国家导入了既定供款计划。例如瑞典和意大利。在瑞典，1999 年导入了一个"抽象账户"系统。总收入的16%的责任供款计入一个抽象账户，与每三年变动的经济范围的平均收入联动。在退休时，参照生命期望的信息，而将抽象账户中积累的抽象资本转换成相应年金。预想每年工资增长的情况下，年金与平均收入减去 1.6% 的增长基准联动。

虽然这属于既定供款的范畴，通过现收现付系统而供款，但是通过将供款的收益与平均收入相结合，年金与生命期望相结合，而使得这一系统得以持续下去。

调整年金系统适应长寿的退休者的一个办法是削减年金的平均水平。这是瑞典的政策决策者使用的一个方法，被完全的基金计划系统所承继，如智利。或者也可能采用使增加供款与减少给付相结合的方式。

导入部分基金的年金改革，或者更多地依赖于公共基金计划，或者促进私人的年金储蓄计划。例如，在很多 OECD 国家中实行通过税金免除，来促进私人的年金储蓄的措施。在瑞典，1999 年导入了部分基金系统，2.5% 的供款计入个人账户。个人可以决定是否通过私人的年金债券投资他的资产，或者用公共债券管理者投资他们的资产。而越依赖于基金，就越依赖于私人部门。在英国，朝着基金的变动就向促进私人年金以替代公共福利的方向发展。美国、英国、加拿大提供了税金的免除作为投资到私人年金的动机，而在法国，做出了更大的努力去告诉一般公众，私人年金计划是可行的。

第四节　先进国家的年金改革和发展

意大利与德国的例子

年金系统第一次在意大利建立是在两次世界大战之间，由强制储蓄开始。它发展到完全基金企业年金计划，但由于高的通货膨胀，金融市场的不稳定所带来的债券的低收益使得在 20 世纪 50 年代导致了现收现付计划的开发。不公平性的结果，1969 年导致了相关于收入的现收现付系统的出现。这为 65 岁以上没有老年保险的人提供了可靠的平均收入；给付给予雇佣的最后五年的工资；在完成 35 年供款之后可以提前退休，与工资联动。然而，人口统计的减速使得这系统不能持续，而这由于雇佣者和被雇佣者的自由搭乘所恶化，他们在除去计算将来给付相关的数年以外逃脱支付雇佣者税和供款。

1992 年的年金改革目的在于提高金融可持续性而又减少公共支出。这次改革包括通过放长在给付计算中包含的收入参考阶段的长度，改变联动和减少精算率来提高供款和降低给付。维持了通过现收现付的基金。联动的改变证明了在减少将来的年金支出方面是有效的，但是年金的再分配的目的却遭到了损害。而1995年的改革目的则在于稳定年金支出在GDP中所占的比例，提高其公平性和效率性。重要的改变在于废除给付计算的收入参考和导入抽象既定供款计划。使用一个"精算公平"（actuarily fair）把工作期间的供款转换到名目供款的总数上，因而使给付严格地相关于在工作期间的供款。这一补充条款应用于1995年以后参加工作的人。

德国的公共退休保险是最老的正式社会保障系统。和意大利一样，年金系统直到1957年都是完全由债券筹款的，之后逐渐转为现收现付计划。同时给付增加，年金与总工资联动。1967年，完全的借债的资本被消耗尽。1972年，退休年龄的通融性被导入，而没有加入适当的关于给付水平的调整，再加上丰厚的失去工作能力的人的福利，产生了过早退休的倾向。1995年，在60岁之前退休的人中，超过30%的男性和20%的女性工人为了早退休而申请失去工作能力的福利。德国的年金系统的持续问题由于系统的较好的福利，大范围的收入相关给付的对策和在西方的OECD国家中最快的老年依赖比率的增加而使得年金系统很难持续。

1992年，德国的年金把与总收入联动改变为与纯收入联动，而且使早期退休者处于比正常年龄退休者不利的地位，但对男女的平均年龄仍然维持在较低的年龄。1992年以后的改变包括增加女性的标准退休年龄到65岁，失去丈夫的女性只可以早两年退休等。这些变化的不充分性通过20世纪90年代的高失业率的持续和供款基础的下降表现出来。这导致了供款率从1994年的18%增加至1997年的20.3%。1999年，进一步地在参数的变化的尝试，包括替代率从72%到64%的减少，但是反过来，寿命期望的增加又反向地减少了年金的积累。

改革的失败和加速的老年依赖率上升导致了更加严重的从 2025 年起基金的缺口。更严重的是，若没有进一步的改革的话，在 2035 年将有实际 GDP 的 11% 的支出与供款的缺口。以既存的加入率，为了支撑现有的现收现付系统，需要增加 2035 年总收入的 30% 的供款率。德国的将来的改革关键在于削减年金的给付。

美国的养老金

美国的退休金制度主要有三种体系：社安金、政府公务员和政府雇员的退休金体系及私人公司雇员的退休体系。社安金约占养老金的 39%。每一个工作的人，无论你是自营业还是受雇于人，只要有足够的工作点数（40 点）都可以在退休后，在联邦社会安全局领取社安金，这是美国政府所建立的全国性养老体系，目的在于使所有工作的人在其退休后都有最基本的生活保障。由于每个人的收入不同，领取的社安金也不同。一般来说，退休人员每年领取的社安金约占退休前收入的 40% 以下。社安金也可以提前领取，最早可在 62 岁领取，但可领取的社安金会相对地减少。如果一个人在积满工作点后突然死亡的话，其配偶和子女可享受一定比例的社安金。

政府公务员和由政府支付工资的其他雇员的退休体系又分为政府公务员和退役军人的退休金。这些人的退休金往往很高，尤其是曾经在军队等服役过的人，他们可以领取很高的退休金。其他的政府雇员如公立学校的老师和公立大学的教职员等，他们与公务员的退休金给付上有相似之处，但又不完全一样。各个州又有不同的规定。

美国私人公司的退休体系

现在美国拒绝大多数私人公司都采用投入式退休金体系，即由雇主和受雇员工共同出资购买退休计划，最常见的退休计划为401k计划。它的运作方式是公司雇主每年按员工年薪的3%～5%投入员工个人的退休账户，员工如果离开公司，账户上的钱归员工所有；如果员工在公司工作直到退休，那么，雇主投入的钱就是员工的退休金，公司将不再支付退休金，这样可以有效地减少公司的人力资源成本，由于各个行业各个公司的退休待遇都有所不同，因此不同的退休待遇也是公司吸引人才的一种手段。

员工每年可以在退休账户投入一定数额的资金，雇主和员工投入的这些资金都不需要上税，但员工的投入数额有上限。当领取退休账户上的钱时才将它们算入收入而报税。加入这一计划的人大多将退休账户上的钱由专业理财人士管理，多投资于股票或共同基金市场。公司或政府的退休计划约占养老金的19%。由于个人的收入不同，存入个人账户的金额会有很大差异，投资的收益不同也使得退休前可用的退休金金额有很大差异。

此外，个人还可以购买商业养老保险。从养老金中所占比例来看，个人股票、证券收益约占养老金的26%，其他资产的收益约占养老金的13%，其他收益约占养老金的3%。所以，美国人的养老来源并不单纯依赖于退休金，而是通过多种渠道、多种组合，以补充退休金的不足。

第六章　对于我国的人口政策与养老保障、养老保险的思考和建议

作为本书的总结，在这一章中，综合以上各章的结果和一些先进国家对于养老金问题的较为成熟的经验，笔者提出一些政策上的建议。要改善我国将来面临的养老问题的困境，必须放开实行了三十余年的独生子女政策，实行鼓励一个家庭不多于两个孩子的计划生育政策。因为在第四章根据模型的结果已经进行了分析，在这一章对于人口政策就不再依据模型的结果进行分析。

1. 关于人口政策

我们国家实行的独生子女政策使每个家庭无法选择自己所希望的子女数目，造成了我国过早地步入了老龄化社会，使我们在发展途中就背上了养老的沉重负担。前面很多方面的研究和先进国家的经验以及经济模型都表明在人口增长过程中，到了现代增长阶段，即经济和技术相当发达的现阶段，各国才出现出生率下降，由于人的长寿才造成了老龄化社会，使社会背上沉重的负担。然而，我国是在现代增长阶段之前就人为地、强制地限制了出生率，造成了人口的负增长。在我国的目前状况下，我们的经济虽然有过高增长，但是我们还没有先进国家那样的财富积累，在这种情况下，我们却背上了与那些先进国家同样的包袱，那

么，我们就不会有更多的财政预算投入到发展高科技、先进技术开发等上面。

独生子女政策虽然对于减轻人口负担，使我国走出贫困的陷阱起了很大作用，但这并不是一个应该持续的政策。这是因为一定的人口对于经济的发展和国家、民族的存续是十分必要的。（1）发展国家经济和建立强大的国家都需要年轻人，试想一个充满了老年人的国家，怎么会有新发明、新创造呢？（2）孩子的减少使我国失去了人口红利，我们的人力资本费用会大大提升，各产业也会在将来缺少劳动力。（3）孩子的减少降低了内需。在世界经济还没有很好恢复的现在，出口还面临很大困难，我们需要拉动内需。我国本来就有广大的消费市场，但老龄化会大大减少我们的内需。（4）孩子的减少使得学校将来都会面临能否存续下去的风险。

那么，放宽独生子女政策是否会造成我国再次的急速人口膨胀呢？笔者认为在目前的状态下是不会的。过去，在我国农村甚至城市里，确实存在着男子优先于女子受教育的情况。尤其是在并不富裕的家庭里，很多女孩子因贫困而辍学。但是，在我国实行独生子女政策三十年之后，女子受教育水平逐渐提高。由我们第二、三章的模型与 Galor 和 Weil（1996）的模型，可知女子人力资本的提高会降低出生率。在我国的实际情况下，（1）女子读书的时间变长，提高了女子的结婚年龄和生育年龄。（2）女子人力资本的提高和随经济增长而提高的人力资本的收益使得孩子的机会费用上升，女子大多不会辞去工作而做家庭专职工作，这样，她们会选择晚育、少育或不育。（3）现在的高房价和高工作压力也使得年轻人晚婚、不婚，也使得年轻人的家庭选择少要孩子。

作为一个实证的例子或论据，我们可以把日本的情况作为借鉴。

日本也是亚洲国家，也是佛教和儒教国家。日本现在最大的问题是少子化的问题。这里面有很多原因，我们可以借鉴。在战前，日本的家庭也是多子女的，但在战后，多选择了生育两个子女。现在，日本的人口与出生率面临着下降的问题，日本政府对多生育提出了很多鼓励政策，但仍收效不大。其原因有以下几种：女性的晚婚与不婚，女性的高学历与劳动力率的上升，孩子的养育、教育费用的上升，抚养子女不安的增大，以小家庭为核心（失去父母的帮助）和居住的狭窄等原因。尤其是经济的不景气，使得年轻人晚婚或不婚是近些年出生率下降的最主要原因。

造成日本少子化的原因我们国家都有，所以，我们在放开独生子女政策之后也不会造成人口的急速膨胀。

2. 关于我国的养老保障问题

这个问题也是我国经济面临的一个重要问题。我国政府非常重视人民老有所养的问题，今年（2013）的财政预算中关于基本养老金和低保等转移支付预算数为4342.51亿元，比2012年执行数增加579.57亿元，增长15.4%，实现新型农村和城镇居民社会养老保险制度的全覆盖。我国在财政预算中支出如此高的金额用于养老金，但是由于我国"婴儿潮"时期出生的人已经或正在面临退休，所以中央会逐年面临支付养老金的巨大压力。而且，当"婴儿潮"时期出生的人们退休之后还要面对他们的子女退休的问题，那时我国的独生子女政策造成的人口倒三角形趋势，由很少的年轻人劳动来支撑庞大的老年人群，养老金会存在巨大的缺口。所以，这一问题需要及早考虑和面对。前面所说，放开独生子女政策提高出生率，是为了解决这个倒三角形问题，改善底座，使得它支撑得稍微稳些。但是，对于解决燃眉之急，我们还需要改进养老金的政策。我们也应强调多种渠道和多种组合去为自己的退休而储蓄和发展养老保险以补充基本养老金的不足。为此，我们政府除了对农村和其他自由职业者提供基本养老金外，也应有其他政策去鼓励个人在工作期间为自己的退休做好金钱上的准备，以补充基本养老金的不足。

（1）开发风险性很小的国债或基金，也建立个人账户，而且只能向国债或这样的基金来投资，最后在退休时用账户中的金额来购买年金。雇主和个人向这个账户供款的那部分资金可以免征税金。对于这部分免税资金的个人的供款也要有上限。

（2）鼓励个人购买一定的养老保险并给予免税的优惠。这是为了鼓励个人在自己年轻时为老年做好更充分的准备。在政府所提供的基本养老金、企业年金的基础上，自己购买商业养老保险来补充以上的不足，使自己的老年生活更加富足。同样，也应鼓励个人购买大病保险等，这部分的保费应给予免税的优惠。

（3）为了实施养老保障的问题，鉴于我国实行的独生子女政策，一对夫妇要养四个老人，几乎是不可能的，政府就应尽快鼓励养老服务业的开发与发展。发展这一行业的益处在于解决老年人老有所养的问题，这一问题不但包括金钱问题，也包括有了钱以后，如何实施养老的问题，当老年人生活不能自理时如何照顾他们的问题。比如说建立老年人看护中心、养老院、老年公寓、以老年人为中心的饮食行业负责为基本可以自理的老年人定做饭菜并送至家中的行业和为老人洗澡、理发而上门服务的行业。这样，不仅解决了老年人老有所养的问题，使远在外地的子女可以安心工作，也解决了很大一批人的就业问题。政府应对这些行业加以补助，减轻其税金，从而达到扶植这些行业的目的。政府也应将一些财政预算放在投资建立一些公立的养老院、老人医疗中心等福利设施上。尤其在我国，面临养老重大问题的是很多独生子女的父母、失独者家庭，他们为了国家利益而牺牲了自己选择多子女的权利和愿望，我们的政府就更应该也有责任使他们有一个幸福的晚年。

笔者这最后一条建议，也将对拉动我国内需起到重要的作用。我国政府提出让人民感受到改革开放的益处，如果让广大人民都没有了养老之忧，那么他们就可以增加他们的消费，从而拉动内需，增加国内的消费；而且没有了养老之忧，年轻一代也不会再为了老有所养而选择多子女，那么即使放开了独生子女政策，我国也不会面临出生率急速上升的局面。

如果建立起这样一个以养老为中心的行业，可以吸收大量的人就业，对改善我国大学毕业生就业难的局面也会起到很大的帮助作用。比如，建立以老年病为中心的医院、看护中心、养老院、老人娱乐场所等，既有益于老年人的生活，解决了年轻一代的后顾之忧，又解决了就业和拉动内需的问题。

参考文献

[1] Aidt, T. S. , A. Berry and H. Low, "Public Pensions," Unpublished Manuscript, University of Cambridge, 2008.

[2] Azariadis, C. and A. Drazen, "Threshold Externalities in Economic Development," Quarterly Journal of Economics 105, 1990, 501 ~ 526.

[3] Barr, N. , and P. Diamond, "The Economics of Pensions," Oxford Review of Economic Policy, Vol. 22, No. 1, 2006, 15 ~ 39.

[4] Barro, R. J. , "Economic Growth in a Cross-Section of Countries," Quarterly Journal of Economics, 106 (2), 1991, 407 ~ 443.

[5] Barro R. J. and G. S. Becker, "Fertility Choice in a Model of Economic Growth," Econometrica, Vol. 57, No. 2, 1989, 481 ~ 501.

[6] Becker, G.. S. , "An Economic Analysis of Fertility," in Ansley J. Coale , ed. , Demographic and Economic Change in Developed Countries. Princeton, NJ: Princeton University Press, 1960, 209 ~ 240.

[7] Becker, G. S. and R. J. Barro, "A Reformulation of the Economic Theory of Fertility," Quarterly Journal of Economics, Vol. CIII, No. 1, 1988, 1 ~ 25.

[8] Beker R. A. and J. H. Boyd III, Capital Theory, Equilibrium Analysis

and Recursive Utility, Blackwell Publishers, 1997.

[9] Becker, G. S. and K. M. Murphy and R. F. Tamura, Journal of Political Economy, Vol. 98. No. 5 , 1990, S12 ~ S37.

[10] Becker, G. S. and H. G. Lewis, "On the Interaction between the Quantity and Quality of Children," Journal of Political Economy 81, 1973, S 279 ~ S289.

[11] Benhabib J. and K. Nishimura, "Endogenous Fluctuations in the Barro-Beker Theory of Fertility," in: Demographic Change and Economic Development, Springer-Verlag Berlin Heideberg, 1989.

[12] Butz, W. P. and M. P. Ward , "The Emergence of Countercyclical U. S. Fertility," American Economic Review, 69 (3), 1979, 318 ~ 328.

[13] Chakraborty, S. , "Endogenous Lifetime and Economic Growth," Journal of Economic Theory 116, 2004, 119 ~ 137.

[14] Doepke, M. , "Accounting for Fertility Decline During the Transition to Growth," Journal of Economic Growth 9, 2004, 347 ~ 383.

[15] Durand J. D. , "The Labor Force in Economic Development and Demographic Transition," in Leon Tabah, ed. , Population Growth and Economic Development in the Third World, Dolhain, Belgium: Ordina Editions, 1975, 47 ~ 78.

[16] Galor, O. and O. Moav, "Das Human Capital: A Theory of the Demise of the Class Structure," Unpublished Manuscript, Brown University and Hebrew University, 2003.

[17] Galor, O. and A. Mountford, "Trading Population for Productivi-

ty," Unpublished Manuscript, Brown University and Hebrew University, 2003.

[18] Galor, O. and D. N. Weil, "The Gender Gap, Fertility, and Growth," The American Economic Review, Vol. 86, No. 3, 1996, 374 ~ 387.

[19] Galor, O. and D. N. Weil, "Population, Technology, and Growth: From Malthusian Stagnation to the Demographic Transition and Beyond," The American Economic Review, Vol. 90, No. 4, 2000, 806 ~ 828.

[20] Goldin, C., Understanding the Gender Gap: An Economic History of American Women, New York: Oxford University Press, 1990.

[21] Goldin C., "The U-Shaped Female Labor Force Function in Economic Development and Economic History," National Bureau of Economic Research (Cambridge, MA) Working Paper No. 4707, 1994.

[22] Hall, R. and C. Jones, "Why do Some Countries Produce so much more Output per Worker than Others?" Quarterly Journal of Economics 114, 1999, 83 ~ 116.

[23] Hazan, G. D. and E. C. Prescott, "Malthus to Solow," American Economic Review 92 (4), 2002, 1205 ~ 1217.

[24] Hazan, M. and B. Berdugo, "Child Labor, Fertility, and Economic Growth," The Economic Journal 112 (482), 2002, 810 ~ 828.

[25] Heckman J. J. and J. R. Walker, "The Relationship between Wages and Income and the Timing and Spacing of Births: Evidence from Swedish Longitudinal Data," Econometrica 58 (6), 1990, 1411 ~ 1442.

[26] Jones, C. I. , "Was an Industrial Revolution Inevitable? Economic Growth over the Very Long Run," Advances in Macroeconomics 1 (2), 2001.

[27] Kanaya Sadao, "Division Work between Male and Female, Human Capital, Demographic Transition." Economy and Economics, No. 92, 2002 (in Japanese).

[28] Klenow, P. J. and Rodriguez- Clare, "The Neoclassical Revival in Growth Economics: Has It Gone Too Far?" in: NBER Macroeconomics Annual 1997, MIT Press, Cambridge, London, 1997, 73 ~ 103.

[29] Kogel, T. and A. Prskawetz, "Agricultural Productivity Growth and the Escape from the Malthusian Trap," Journal of Economic Growth 6, 2001, 337 ~ 357.

[30] Kremer, M. , "Population Growth and Technological Change: One Million B. C. to 1990," Quarterly Journal of Economics, Vol. 108, No. 3, 1993, 681 ~ 716.

[31] Lagerlof, N. P. , "Gender Equality and Long-Run Growth," Journal of Economic Growth 8 (4), 2003, 403 ~ 426.

[32] Lagerlof, N. P. , "The Galor-Weil Model Revisited: A Quantitative Exercise" Working paper of York University, 2005.

[33] Lucas, R. E. Jr. , "On the Mechanics of Economic Development," Journal of Monetary Economics 22, 1988, 3 ~ 42.

[34] Mankiw, G. N. , D. Romer, D. N. Weil, "A Contribution to the Empirics of Economic Growth," Quarterly Journal of Economics 107 (2), 1992, 407 ~ 437.

[35] Meltzer, D. , Mortality Decline, the Demographic Transition and Economic Growth, Ph. D. Thesis, University of Chicago, Chicago, 1992.

[36] Mincer, J. , "Market Prices, Opportunity Costs, and Income Effects," in Carl F. Christ, ed. , Measurement in Economics: Studies in Mathematical Economics and Econometrics in Memory of Yehuda Grunfeld, CA: Stanford University Press, 1963, 67 ~ 82.

[37] Nishimura and L. K. Raut, "Endogenous Fertility and Growth Dynamics," in: G. Ranis and L. K. Raut, Trade, Growth, and Development, 1999, 39 ~ 53.

[38] Malthus, T. R. , An Essay on the Principle of Population, Cambridge: Cambridge University Press, 1826.

[39] Qi Ling, "An Analysis of the Model of Division Work between Male and Female with Endogenous Fertility," OIKONOMICA, VOl. 39, No. 2, 2002, 1 ~ 21. (in Japanese)

[40] Qi Ling and Sadao Kanaya, "The Concavity of the Value Function of the Extended Barro-Beker Model. " Journal of Economic Dynamics & Control, Vol. 34, No. 2, 2010, 314 ~ 329.

[41] Schultz, T. P. , The Economics of Population, Reading, MA: Addison-Wesley, 1981.

[42] Schultz, T. P. , "Changing World Prices, Women's Wages, and the Fertility Transition: Sweden, 1860-1910," Journal of Political Economy, 93 (6), 1985, 1126 ~ 1154.

[43] Schultz, T. P. "Demand for Children in Low Income Countries," in Mark R. Rosenzweig and Oded Stark, eds. , Handbook of Population

and Family Economics. Amsterdam: North-Holland, 1997, 349 ~ 430.

[44] Schultz, T. W. , Transforming Traditional Agriculture, New Haven: Yale University Press, 1964.

[45] Schultz, T. W. , "The Value of the Ability to Deal with Disequilibria," Journal of Economic Literature, Vol. 13, No. 3, 1975, 827 ~ 846.

[46] Stokey, N. L. and R. E. Lucas Jr. with E. C. Prescott, Recursive Methods in Economic Dynamics, Harvard University Press Cambridge, Massachusetts, and London, England, 1989.

[47] Tamura, R. , "Human Capital and the Switch from Agriculture to Industry," Journal of Economic Dynamics & Control 27, 2002, 207 ~ 242.

[48] Vohra, R. V. , Advanced Mathematical Economics, Routledge Taylor & Francis Group, London and New York, 2005.

[49] Weil, D. N. , Economic Growth, Pearson Education, Inc. Publishing as Addison-Wesley, 2005.

[50] Willis, R. J. , "A New Approach to the Economic Theory of Fertility Behavior," Journal of Political Economy 81 (2), 1973, S14 ~ S69.

[51] 小盐隆士:《公平性与政策对应》,日本劲草书房,2007 (日文) .

图书在版编目（CIP）数据

内生出生率与养老金／齐玲著．—北京：社会科学文献
出版社，2013.6
ISBN 978 - 7 - 5097 - 4698 - 1

Ⅰ．①内…　Ⅱ．①齐…　Ⅲ．①人口出生率 - 研究 - 中国
②养老保险 - 研究 - 中国　Ⅳ．①C924.24②F842.67

中国版本图书馆 CIP 数据核字（2013）第 114335 号

内生出生率与养老金

著　　者／齐　玲

出 版 人／谢寿光
出 版 者／社会科学文献出版社
地　　址／北京市西城区北三环中路甲 29 号院 3 号楼华龙大厦
邮政编码／100029

责任部门／经济与管理出版中心　（010）59367226　　责任编辑／张　扬
电子信箱／caijingbu@ ssap. cn　　　　　　　　　　责任校对／张成海
项目统筹／恽　薇　　　　　　　　　　　　　　　　责任印制／岳　阳
经　　销／社会科学文献出版社市场营销中心　（010）59367081　　59367089
读者服务／读者服务中心　（010）59367028

印　　装／三河市尚艺印装有限公司
开　　本／787mm×1092mm　1/16　　　　　　　印　　张／12.75
版　　次／2013 年 6 月第 1 版　　　　　　　　　字　　数／158 千字
印　　次／2013 年 6 月第 1 次印刷
书　　号／ISBN 978 - 7 - 5097 - 4698 - 1
定　　价／45.00 元